平台经济背景下
零售商业模式创新研究

● 郑斌斌 著

厦门大学出版社 XIAMEN UNIVERSITY PRESS
国家一级出版社
全国百佳图书出版单位

图书在版编目(CIP)数据

平台经济背景下零售商业模式创新研究 / 郑斌斌著
. -- 厦门 : 厦门大学出版社, 2023.5
ISBN 978-7-5615-8972-4

Ⅰ. ①平… Ⅱ. ①郑… Ⅲ. ①零售商业－商业模式－研究 Ⅳ. ①F713.32

中国版本图书馆CIP数据核字(2023)第076479号

出版人 郑文礼
责任编辑 潘瑛 李瑞晶
封面设计 张雨秋
技术编辑 朱楷

出版发行 厦门大学出版社
社址 厦门市软件园二期望海路39号
邮政编码 361008
总机 0592-2181111 0592-2181406(传真)
营销中心 0592-2184458 0592-2181365
网址 http://www.xmupress.com
邮箱 xmup@xmupress.com
印刷 厦门市竞成印刷有限公司

开本 720 mm×1 000 mm 1/16
印张 15.25
插页 2
字数 211千字
版次 2023年5月第1版
印次 2023年5月第1次印刷
定价 57.00元

厦门大学出版社
微信二维码

厦门大学出版社
微博二维码

前 言

近年来，随着大数据、互联网、物联网、人工智能、边缘计算等数字化技术的广泛应用，平台经济蓬勃发展。平台经济凭借跨时空便利连接与巨大的规模效应，极大地改变了零售业的市场结构，传统实体零售企业受到严峻考验。如何进行零售商业模式创新从而实现平台经济模式下的新增长，成为众多零售企业的实践新课题。尤其是在互联网免费模式的热潮下，企业如何获得利润以实现可持续发展，成为零售商业模式创新的难点。

近几年，在新冠肺炎疫情的冲击下，消费者被物理空间阻隔，依托到店消费的传统零售业受到的影响巨大，营收骤减。在此背景下，平台成为新的生产组织方式，依托平台进行商业模式创新已成为数字时代零售业跨越疫情危机、实现高质量增长的重要途径之一。

本书以零售商业模式创新为研究对象，从理论研究、实践研究、组织与关系研究等三方面研究零售企业如何利用数字平台进行商业模式创新，探索平台参与下零售商业模式创新的内在逻辑和创新路径，揭示零售商业模式创新如何重构价值创造与价值获取机制。

首先，本书构建了平台经济背景下零售商业模式七要素模型，其中的七个要素包括顾客、零售商、供应商、平台、零售内涵创新、零售机制创新、零售动态能力等。本书强调从一个全局的视角全面透彻地分析零售商业模式的创新，因此将这七个要素从分散的概念整合到统一的理论框架中。它们存在内在联系，相互作用形成了零售的各种“运动”，包含了顾客界面、内部构造界面、供应关系界面、平台界面等核心界面，从行为主体、模式要素到运行机制、动态能力构成了一个多层次的、统一的商业模式体系，不仅凸显了平台经济下零售商业模式创新的协同性、系统性特征，而且从全局视角全面探索了平台经济下零售商业模式创新所涉及的要素、这些要素如何连接与运行、怎样的动态能力支撑了商业模式创新成效等，体现了零售商业模式创新的要素、关系与逻辑。

其次，本书设计了三个研究情境：自建数字平台的零售商业模式创新、依托集团平台的零售商业模式创新、实体平台型零售商业模式创新，以平台经济下零售商业模式创新七要素模型为理论分析框架，选取案例进行实践研究，重点探索平台数字技术与平台组织方式如何解构、重构零售活动，进而改变零售的价值创造逻辑。

最后，总结并指出平台经济背景下零售商业模式价值创造机制、价值获取机制以及动态能力发生了重大变化，零售企业要摆脱传统的零售买卖思维，围绕消费需求变化，充分发挥平台作用，重构基于数字化的零售经营体系。此外，还提出了重视零售的主导作用；加强零售商业模式创新的系统性设计；构建平台通用基础设施支撑零售创新；运用平台数字技术洞察消费需求，提升商品和服务供给能力，提高零售业务运营效率；零售与制造深度融合创新产品供给等对策建议。

在新一轮科技革命的浪潮下，我国平台经济快速发展，在平台的驱动下，零售商业模式创新案例不断涌现。运用平台技术倒逼传统零售加快数字化转型，成为实体零售企业与传统电商企业摆脱低迷状态、重获增长的战略选择。回顾新中国成立 70 多年来零售业的发展历程，通过不断的探索实践和借鉴学习，从传统模式的快速转型，到在数字化应用领域领跑发达国家，我国零售业走出一条具有中国特色的零售现代化发展之路，在全球零售业中扮演着越来越重要的角色。

本书在编写过程中得到了许多人的支持和鼓励。感谢中国社会科学院财经战略研究院市场流通与消费研究室依绍华主任对研究工作的指导，依绍华主任在流通领域研究上丰硕的研究成果也为本书提供了非常有价值的参考。同时还要感谢我的家人，他们在我写作的过程中给予了莫大的支持。还有很多关心、帮助、指导过本书编写和出版的专家、学者、企业家和朋友，在此一并致以最诚挚的谢意！时间仓促，书中不妥之处，请各位读者批评指正！

莆田学院　郑斌斌

2022 年 12 月于妈祖故里莆田

目　录

实践篇

组织与关系篇

第一章 绪论

第一节　研究背景

党的十九大报告指出，新时代我国社会主要矛盾是人民日益增长的美好生活需要和不平衡不充分的发展之间的矛盾。2021 年 3 月，第十三届全国人民代表大会第四次会议通过了《中华人民共和国国民经济和社会发展第十四个五年规划和 2035 年远景目标纲要》（以下简称“十四五”规划）中，明确规划了“人民生活更加美好”的远景目标。零售业作为连接生产与消费的关键纽带，在将消费者需求和偏好传递给生产端、更好地引导生产制造，同时将商品从生产端传递到消费端，更好地促进消费，以及满足人民美好生活的需要上具有不可替代的重要作用。零售通过商业模式创新整合流通功能、创新商品和服务供给，是实现需求牵引供给、供给创造需求的高水平动态平衡的核心枢纽，也是推动消费增长、引领产业高质量发展的战略手段。研究零售商业模式创新对实现人民美好生活、促进国民经济良性循环、推动经济高质量发展具有重要的理论意义和现实意义。

近年来，随着互联网、物联网、大数据、人工智能、边缘计算等数字技术的广泛应用，平台经济蓬勃发展。平台经济是以互联网平台为主要载体，以数据为关键生产要素，以新一代信息技术为核心驱动力，以网络信息基础设施为重要支撑的新型经济形态。[①] 平台经济作为数字经济的重要组成部分，对优化资源配置、促进跨界融合发展、推动产业转型升级、建立强大国内

① 详见《关于推动平台经济规范健康持续发展的若干意见》（发改高技〔2021〕1872 号）。

市场都有重要作用。[①] 2019 年 2 月商务部等 12 部门联合印发了《关于推进商品交易市场发展平台经济的指导意见》[②]，2019 年 3 月 31 日福建省人民政府印发了《福建省人民政府关于加快平台经济发展的实施意见》[③]，均肯定了平台经济对于商品交易市场的重要意义，强调发展平台经济是我国流通领域深化供给侧结构性改革的一项重要举措。数字平台作为生产力新的组织方式，依托数字平台进行商业模式创新已成为数字时代零售商实现高质量增长的重要途径之一（Tan et al.，2015）。

便利蜂、苏宁小店、盒马鲜生、超级物种等众多新零售商是依托数字平台进行商业模式创新的先锋企业。不过，如何将数字平台技术融入零售商业模式创新过程中，如何从传统增长方式转换为平台型增长方式则是众多零售商面临的转型难题。

在学界，有关零售商业模式创新的研究已积累了较丰富的成果，而有关在数字时代和平台经济兴起背景下的零售商业模式创新的研究成果却非常有限，尤其对新增长方式转换过程中的路径、作用机制等的系统研究更是缺乏。因此，本书研究零售商如何利用数字平台进行商业模式创新，从根本上探讨平台经济背景下零售商业模式创新的内在逻辑和创新路径，揭示平台经济兴起的时代背景下零售商业模式要如何创新才能在新经济增长中获得竞争优势，为探索平台经济背景下的流通创新提供理论支撑，并为我国流通产业实现高质量发展、满足人民消费升级的需求提供新政策支撑和决策参考。

---

① 详见《国务院办公厅关于促进平台经济规范健康发展的指导意见》（国办发〔2019〕38 号）。

② 详见《关于推进商品交易市场发展平台经济的指导意见》（商建函〔2019〕61 号）。

③ 详见《福建省人民政府关于加快平台经济发展的实施意见》（闽政〔2019〕4 号）。

第二节　研究问题

商业模式是一种创造顾客价值并实现企业价值的基本逻辑(Teece, 2010)。平台经济兴起后,零售商借助数字平台赋能,是零售商业模式创新的一条新颖路径(陈威如 等,2021)。在实践中,以平台为基础的新零售、智慧零售、数字零售、无人零售等零售商业模式创新层出不穷,不管是零售商自建平台进行平台自主型商业模式创新,还是在平台上开店、借助平台进行平台依附型商业模式创新,平台组织嵌套零售商业模式协同创新已经成为零售创新的新趋势。

以大数据、智能算法、多边主体协同共创构成的数字平台正在瓦解零售活动的传统组织方式,改变零售价值创造和价值分配逻辑,重塑零售价值链,零售商业模式创新发生了根本性变化,具体表现在以下四方面:

第一,平台作为开放、共享、共生的生态体系,平台的强连接能力推动线上线下资源有机结合(陈晓红 等,2021;荆文君 等,2019),改变了传统零售商的销售模式与营销模式,创造出许多基于平台技术建立的零售新内容和新活动。比如产品搜索、比较、支付等创新技术带来的零售新体验,小程序购物、直播带货、低价拼团、社群分享等零售新形态,线下体验线上购买的业务重组,通过更多的数据维度构建更全面、更深入、更立体的用户画像,基于“千人千面”甚至“一人千面”的用户画像推送个性化、碎片化的内容和产品服务组合等。这些零售新内容、新活动、新方式为零售提出崭新且独特的价值主张提供了实现可能性。那么零售商业模式创新基于平台赋能提出了怎样的崭新且独特的价值主张,据此增加了哪些新的价值创造活动(新内容),销售、采购与物流等零售传统的关键价值活动发生了哪些变化,等等,有待于进一步认识和探究。

第二，零售商业模式向平台型增长创新转型时，顾客价值创造方式发生了改变。平台型商业模式强调价值网络中各方主体的价值共创。不同于现有线性价值链视角下的单向价值提供方式，或服务导向视角下的双元互动关系范式下的价值共创（Vargo et al.，2016），零售商与顾客的"需求侧"价值共创、零售商与供应商的"供给侧"价值共创、供应商和顾客的"连接侧"价值共创等多主体协同共创成为零售商业模式由传统增长向平台增长创新的基本共创方式（刘江鹏，2015）。这一方面需要深入研究。

第三，随着价值创造方式的改变，顾客价值创造、传递和企业价值实现的过程逐步分离（王琴，2011）。在传统增长模式中，企业和顾客通过产品交换来获取价值，但在平台型增长模式中，"互联网的免费模式""全网最低价"等热词也表明了哪怕零售商向顾客提供质优价美的产品或服务，也很难直接从中获得价差收入。同时，以往研究过于强调顾客价值创造而非企业价值的实现，在实践中，有些设计完美的商业模式却由于缺乏企业价值获取逻辑，从而造成企业在大量投资后不可持续，不得不退出经营，因此在商业模式创新时必须剖析企业价值实现机理，重构价值网络、拓展新的收入来源才能实现盈利并保证商业模式的稳定性和可持续性。

第四，动态能力是实现商业模式创新的关键力量，现行研究在动态能力的概念内涵、影响作用、培养机制上形成了较丰富的研究积累。在不同的环境作用下，动态能力推动企业创新转型表现出了不同的演化机制，但目前仅有少数文献研究了平台卖家向平台企业演化过程中动态能力的形成机制（朱良杰 等，2018），对零售商在平台经济背景下要如何与其他资源主体进行资源交互、动态能力如何促进企业由传统增长方式向平台型增长方式转换还缺乏深入的探讨。

本书以零售商为对象，提出"平台经济兴起的时代背景下，零售商业模式要如何创新才能在新经济增长中获得竞争优势"的研究问题。针对这一研究问题，本研究聚焦三个子问题展开：(1)顾客价值创造方式如何改变；(2)企业价值获取方式如何改变;(3)企业动态能力如何驱动新旧增长方式转换。

第三节 研究内容

本书以零售作为研究对象,并非研究纯粹的数字平台原生企业,重点考察平台参与下的零售商业模式创新,探索平台数字技术与平台组织方式如何解构、重构零售活动,进而改变零售的价值创造逻辑,故本研究采取以下思路:首先,梳理平台经济发展背景下零售商业模式创新的现实紧迫性和理论研究空隙,确定研究问题;其次,围绕平台经济与零售商业模式两大主题进行理论分析,构建理论分析框架;最后,围绕理论分析框架,选取案例进行实践研究,考察平台经济背景下零售商业模式创新机理、路径、对策等。

根据上述研究思路,各章结构安排如下。

第一章为绪论,阐释研究背景、引出问题、界定概念,并叙述研究内容。

第二章至第五章为理论篇,对平台经济、商业模式创新、价值创造等相关理论进行研究综述,论述了平台经济背景下价值创造方式演化为基于平台的零售商、顾客、供应商之间两两交互的价值共创方式,提炼了商业模式创新的内涵创新、机制创新、动态能力等三个层次的核心内容,结合零售多层次创新的行业特征,构建了平台参与的零售商业模式创新的七要素模型,重点研究了基于平台型增长的零售商业模式创新机理,为后文探讨零售商业模式创新的实践研究提供了理论分析框架。

第六章至第九章为实践篇,在梳理新中国成立后我国流通业发展历程的基础上,分析了零售数字化创新趋势,以便利蜂、苏宁小店、百货店业态为案例研究对象,研究了不同平台场景下的零售商业模式创新。

第十章至第十一章为组织与关系篇,在梳理平台经济背景下传统零售企业组织结构所面临的挑战的基础上，提出了平台经济背景下零售企业组织创新对策。进一步地，分析了零售业与制造业融合发展的重要性、关键因素与主要路径。

最后，第十二章进行总结，得出基本结论。各章节逻辑关系如图 1-1 所示。

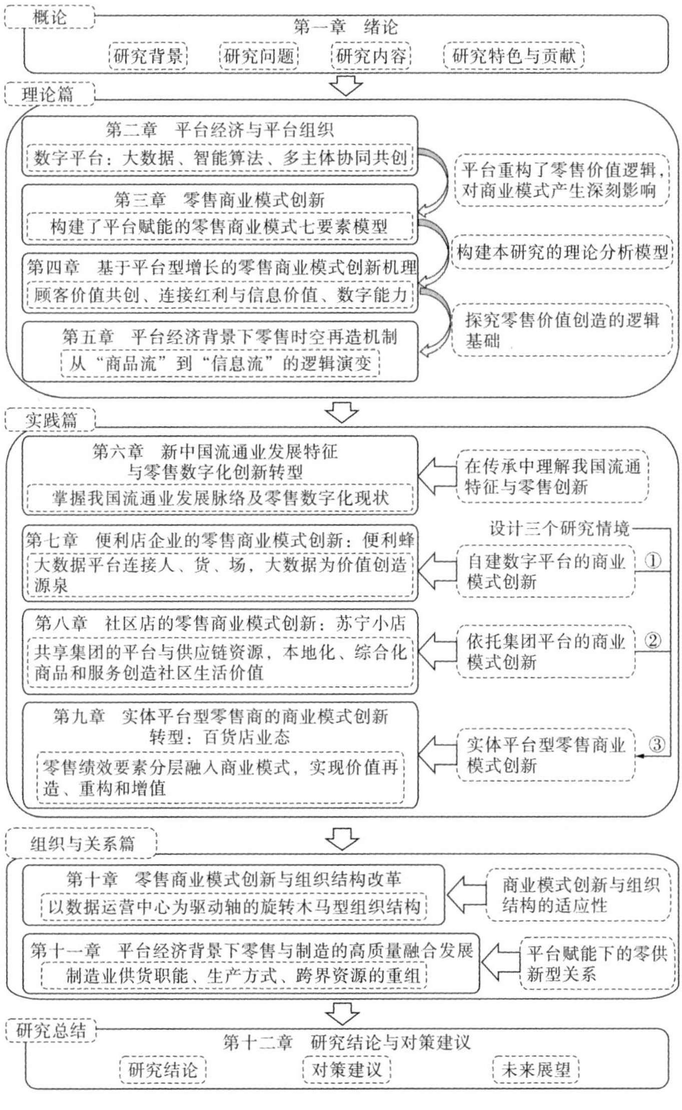

图 1-1　总体框架思路

第四节 研究特色与贡献

一、研究特色与创新

第一，本书不是泛泛地研究零售创新的问题，而是从近年来中国经济中普遍存在的现实问题出发，提炼出新经济模式下传统零售业与平台经济形态之间矛盾与冲突的根源性问题，具有较强的新颖性和针对性。

第二，在互联网连接一切的平台经济背景下，传统单边市场的相关理论不足以解释双边市场中出现的“混沌组织”。有别于现有理论基于选址的天然流量的前提下对于零售商业模式创新的学术观点，本研究将平台经济理论、价值共创理论、动态能力理论结合起来构建平台经济背景下零售商业模式创新的理论框架，尝试基于连接来探讨新经济增长方式下的零售商业模式创新理论。

第三，在现有有关商业模式的研究中，大部分成果集中在顾客价值创造层面的分析。但是本研究同时关注企业价值实现的机理，以及新旧增长方式转换过程中动态能力的培养。对于零售创新的分析视角是有方向性的，即零售商业模式创新是要实现从传统增长到平台型增长的，因而具有明显的战略方向性，这种方向性将导致完全不同的理论解释。

二、研究贡献

本书可能的学术观点与理论贡献体现在以下方面。

(一)构建了平台经济背景下零售商业模式七要素模型

本书构建的理论模型具体包括顾客、零售商、供应商、平台、零售内涵创新、零售机制创新、零售动态能力等七个要素。平台的参与并非简单增加一个主体,而是彻底改变了零售经营活动,重构了零售价值创造机制。本书强调从一个全局的视角全面透彻地分析商业模式的创新,因此将这七个要素从分散的概念整合到统一的理论框架中,它们的内在联系、相互作用形成了零售的各种“运动”,包含了顾客界面、内部构造界面、供应关系界面、平台界面等核心界面,从行为主体、模式要素到运行机制、动态能力构成了一个多层次的、统一的商业模式体系,不仅凸显了平台经济背景下零售商业模式创新所涉及的协同性、系统性特征,而且从全局视角全面探索了平台经济背景下零售商业模式创新所涉及的要素、这些要素如何创新连接与运行、怎样的动态能力支撑了商业模式创新成效等,揭示了零售商业模式创新的要素、关系与逻辑,由此产生了更加丰富的理论洞察与讨论。

(二)基于平台型增长的零售商业模式创新机理

基于平台型增长的零售商业模式创新需改变顾客价值创造方式和企业价值获取方式,以平台技术为依托,在对终端运营(销售)—商品经营(采购)—物流仓配(配送)等关键业务流程改革上实现价值共创,同时企业要摆脱销售价差的传统盈利思维,通过连接红利和信息价值开拓新的收入源。以大数据运营能力和基于价值共创的业务能力为代表的零售数字化能力是零售商创新商业模式的关键能力。零售商作为平台运营者,需通过平台各参与者的异质性资源的交互,尤其是接入社会化资源来培养动态能力,推动零售商业模式由传统增长向平台型增长的创新转型。

(三)平台经济背景下零售时空价值再造机制

本书提出零售时空价值再造机制从“商品流”向“信息流”演进的观点，由于“商品流”固化了所能提供的消费效用，无法有效应对高度动荡的市场需求，成为时空价值创造的桎梏。平台连接情境中零售突破了物理时空的有界约束，交易空间无限延伸，交易时间多维复制，跨时空价值创造的底层逻辑从“商品流”向“信息流”演进，“信息流”能跨时空自由匹配供需两端，深度挖掘隐性消费需求，通过数据交互方式协调更为庞大的消费人群网络和更为庞大的供应网络，成了平台经济背景下数字化零售时空价值再造的逻辑基础。零售商通过构建虚实互通的数字化商业基础，连接人、货、场，汇聚“信息流”，以“信息流”为决策基础和价值创造起点，构建店仓一体化的门店群空间布局，缩短商品获取时间；优化业务流程，创造消费全链路的时间网络价值；建立分布式产品采购小组，满足长尾化、瞬时化的消费新特征，最大化消费时空效用。

(四)零售商业模式创新同时实现效率性和新颖性的价值创造机制

本书将零售绩效影响四要素融入商业模式多层次结构创新，提炼出“零售绩效影响要素—零售业态商业模式创新机制—零售绩效提升”的理论分析框架，探讨实体平台型零售商业模式是如何通过顾客创新、业务流程创新和资源配置创新活动，从而实现价值增值与绩效提升的。通过案例研究，揭示了实体平台型零售商业模式在创新转型过程中价值再造、价值增值的路径过程和机制：以平台数字技术为基础设计顾客、企业、零供三个界面两两交互的互补性系统，在优化商业模式的同时提高效率性和新颖性，通过新颖性创造更多顾客价值，通过效率性获取更多企业价值，从而提高了企业的盈利能力。相关研究成果丰富了商业模式创新的相关研究，同时实现了多种竞争优势的理论积累。

综上所述，本书通过理论研究与实践研究，得出了平台经济背景下零售商业模式价值创造机制、价值获取机制以及动态能力的内涵发生了重大变化：以平台（大数据、智能算法、多边主体协同共创）为零售新通用基础，数据成为关键生产要素，在平台数字技术作用下，零售价值主张从单一价值主张向价值网络主张扩展，价值创造由单向提供向价值共创转变，传统的商品买卖的价差盈利思维向以连接红利和信息价值为代表的平台盈利思维转变，改变了企业价值获取机制；零售数字化能力成为平台经济背景下零售商新型核心能力，是零售商通过商业模式创新获取竞争优势的关键属性。

理 论 篇

第二章 平台经济与平台组织

平台经济是数字经济发展主体的重要组成部分。平台遵循"一方投入多方获益"的运行规则(高良谋、张一进，2018)，通过连接多边用户，聚合各方资源，提升交易效率，实现网络化增值，增加平台各方价值获取量，成为数字时代占主导地位的先进组织形态和新经济增长强有力的引擎(Sridhar，2011)。本章重点探讨平台经济是什么，平台经济具有哪些创新特征，这些创新特征如何影响企业经营活动进而影响商业模式创新。

第一节　数字经济与平台组织

一、数字经济的发展

随着互联网、物联网、人工智能、大数据、云计算、5G 网络、边缘计算等数字化技术的迅猛发展，数字经济已成为经济增长的新动能(韩凤芹 等，2022；Singhal et al.，2018)。数字经济概念最早出现于 20 世纪 90 年代，1995 年唐・泰普斯科特(Don Tapscott)在其著作《数据时代的经济学：对网络智能时代机遇和风险的再思考》中提出了"数字经济"概念，阐述数字经济具有知识驱动、数字化、虚拟化、分子化、集成互联、去中介化、通信汇流、创新、产销合一、即时性、全球化和冲突性等十二个特征①，之后数字经济受到各国政府的高度重视。早期数字经济与互联网技术、信息、大数据以及后来出现的平台经济、人工智能、区块链等相关概念分散呈现，而以数字经济概念为集中表征的研究则是近些年涌现出来的。

“十四五”规划指出，数字经济是继农业经济、工业经济之后的主要经济形态，是以数据资源为关键要素，以现代信息网络为主要载体，以信息通信技术融合应用、全要素数字化转型为重要推动力，促进公平与效率更加统一的新经济形态，②明确数字经济是国家经济发展的重大战略方向。陈晓红等(2019)提炼了数字经济的三个核心内涵：一是数据资源，指将图像、文字、声音、指纹、影像等素材通过数字化技术整理、解析和处理成为数据资源，数据资源存储在技术载体上，可供多次重复使用。二是数字化技术与数字平台，由人工智能、5G 网络、云计算、大数据等数字化技术以及由数字化技术所组成的数字平台是搭载数字经济市场行为主体、传递数据资源的载体，是促进经济高质量发展的重要推动力(李春利 等,2021)。三是新经济形态，数据资源成为关键要素，在数字化技术与数字平台的推动下，生产方式、生活方式和治理方式发生深刻变革，行业边界日趋模糊，基于跨界融合的新模式、新业态、新产业不断涌现，数字技术与实体行业融合创新，催生了大量的新业态、新模式。

我国高度重视数字经济发展，习近平总书记多次指出，要抢抓数字经济发展机遇，推进数字产业化和产业数字化，推动数字经济和实体经济的深度融合。如图 2-1 所示，中国信息通信研究院的统计数据显示，近年来我国数字经济规模呈快速增长态势，从 2015 年的 18.6 万亿元增长到 2021 年的 45.5 万亿元，规模增长约 1.45 倍，较 2020 年同比名义增长 16.2%，高于同

---

① 北京大学平台经济创新与治理课题组.平台经济：创新、治理与繁荣[M].北京：中信出版社，2022:6.

② 详见国务院印发的《“十四五”数字经济发展规划》(国发〔2021〕29 号)。

期 GDP 名义增速 8.1 个百分点，2021 年数字经济占 GDP 比重高达39.8%，可见数字经济对国民经济的贡献度在持续上升，支撑作用更加明显。[①]

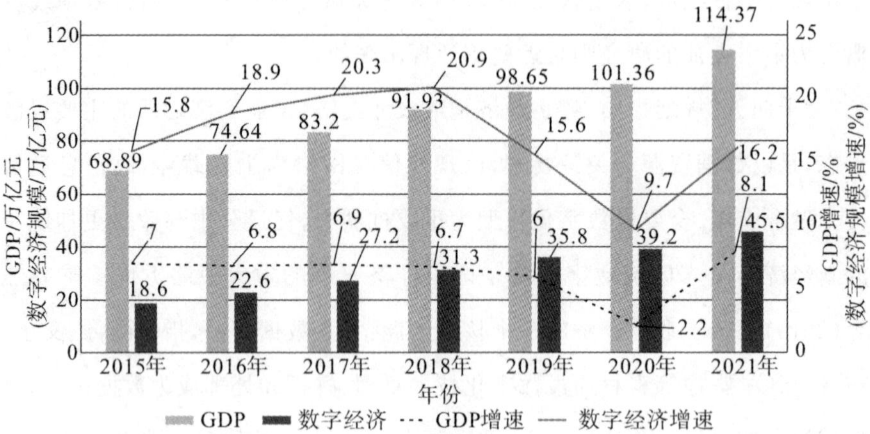

图 2-1 我国数字经济规模与 GDP 变化

数据来源：中国信息通信研究院、国家统计局。

二、平台组织的兴起

近年来，苹果、微软、谷歌、亚马逊、脸书、阿里巴巴、京东、拼多多、抖音等众多平台企业快速崛起，给人们的衣食住行带来了极大的便利，比如在线购物、酒店预订、线上办公、出行打车等的业务创新不仅节约了消费者的时间成本，而且跨时空连接覆盖了大量无法触达的消费者，提升了运营效率，改变了传统的市场结构，催生了大量的商业模式创新(黄益平 等，2022)。

不同于传统经济中市场分为买卖双方的单边市场，平台经济以双边市场为载体，大大缩小了供需匹配的撮合成本，从而快速崛起，对数字经济做

① 中国信息通信研究院.2022 年中国数字经济发展白皮书[EB/OL].(2022-07-08)[2022-08-01]. http://www.caict.ac.cn/kxyj/qwfb/bps/202207/t20220708_405627.htm.

出重要贡献。平台通过连接人与人、物与物以及人与物，将分散在不同时空范围的市场需求和生产供给高效率地集聚在一起，使平台上的供给端更加容易辨识、发掘、创造需求端的市场机会，产生价值协同，降低经营风险，获得超额经济租金（刘江鹏，2015）。同时，平台一边用户的规模会影响另一边用户使用该平台的效用，越多的连接和价值互动使得平台中的供给和需求有越好的匹配性，从而产生更多价值，这种交叉网络外部性效应会进一步吸引更多的参与者（朱良杰 等，2018）。

我国平台企业从 20 世纪 90 年代开始起步，经过 2008—2015 年的爆发式增长后，竞争不断加剧（黄益平 等，2022）。2020 年突如其来的新冠肺炎疫情对各行各业经济活动造成重大影响，但反而加速了平台经济的创新与发展。平台经济充分发挥无接触就能完成交易的强连接优势，在新冠肺炎疫情防控期间持续支持生活与生产活动，并促使许多新业态、新模式产生。尤其是我国的平台企业主要集中在消费互联网，如电商、直播、网约车、社交、外卖、搜索、数字金融、门户、共享、服务、物流等，平台经济已经成为每个人的日常生活不可缺少的现实存在。

平台经济的功能主要分为两大类：第一类是交易促成型平台，旨在传递交易信息，撮合交易，比如电商平台、网约车平台和外卖平台等；第二类是内容分享型平台，旨在传输新闻、观点、通信、娱乐、金融、科学技术等信息，促进沟通交流，如社交平台、短视频平台、直播平台等。随着直播带货的兴起，内容分享型平台内置交易功能，演变成内容分享与交易促成相互内置的商务平台，比如 2021 年 4 月 8 日在抖音电商的首届生态大会上，抖音提出“兴趣电商”概念[①]。

---

① 许洁.“兴趣电商”唤醒沉默消费力量 抖音电商如何做到有质量的 GMV?[N].证券日报，2021-04-10(A03).

三、零售平台:实体平台与数字平台

平台连接了产品、服务交易或信息交互的双方或多方,是具有双边市场结构的经济组织(Zhu and Furr,2016),它可以存在于现实世界,也可以存在于虚拟网络空间(徐晋 等,2006;Tiwana,2015),包括线下的购物中心、百货商场等,也包括依托数字技术搭建的线上数字平台。

从传统经济的视角来看,零售实体平台存在由来已久,从古老的集市、农贸市场到现代的购物中心、百货店,都可以理解为平台。线下实体平台先于线上数字平台出现,百货店、购物中心等商业组织作为提供物理空间的实体平台者,一般以招商、租赁或联营的方式吸引众多供应商进驻平台,供应商向顾客销售商品,实体平台则从收入提成、柜台租金、广告收入中获取收益(徐晋 等,2006;Tiwana,2015)。这些实体平台的功能除了为供应商提供交易场所外,还提供信息咨询、售后服务、纠纷处理、物流配送等各种服务(晁钢令,2015)。但是在传统的实体平台里,信息交流主要在卖家和买家之间进行,买家与买家之间缺乏有效的商品信息交流渠道,信息交流频率与维度极其有限(王勇 等,2019)。此外,实体平台受到物理时空的限制,其商品品类和吸客能力有限,无法像阿里巴巴、京东、拼多多等数字原生平台那样具有无限展示的虚拟空间、跨时空连接与交易等特征,无法全方位、全过程满足顾客多元化、长尾化需求,实体平台对顾客群体以及供应商双方的吸引力都受到约束(晁钢令,2015)。

随着数字技术的发展,基于数字技术构建的数字平台发生了质的改变,数字平台日益成为重要的产业组织、社会组织新模式。数字零售平台在数字技术基础上,跨时空连接买家、卖家和供应商等不同的用户群体,人与货通过平台实现更高效率的匹配和交易,平台通过收取费用或赚取差价而获得收益。例如,天猫、京东、拼多多、唯品会等是我国体量巨大的数字零售平台，相关数据显示，2021 年这四家平台的零售总额占中国零售百强平台零售总额的比重高达 77.58%，可见数字零售平台在我国零售业中发挥着举足轻重的作用（相关数据见图 2-2）。

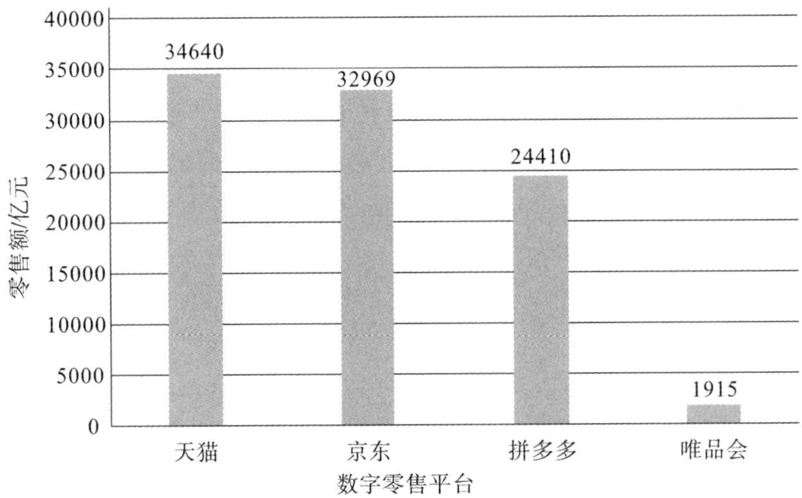

图 2-2　2021 年四家头部数字零售平台的零售额

数据来源：中国商业联合会、中华全国商业信息中心。

与百货店、购物中心等实体平台不同，数字零售平台克服了实体平台中约束交易活动的时空因素，实现了物理世界在数字空间中的孪生映射，利用大数据和智能算法增强交易主体之间的精准匹配，能够快速满足消费者多样化、个性化、长尾化需求；直接连接压缩了中间交易环节，提升了交易效率，降低交易成本和不确定性，具有实体平台所无法比拟的灵活性和成本优势，从而获得全新的规模、效率和影响力（黄益平 等，2022）。

第二节　平台经济的创新特征

数字时代各类数字平台加速涌现，数字平台由一组共享的服务及技术基础设施组成，为物理世界和数字空间交互提供了有效的载体，旨在为互补的产品与服务提供交易场所（Nambisan，2017）。实践中生产、流通、消费和服务等价值链的各个环节已逐步整合到平台，推动线上线下资源的高度融合，突破传统实体平台面临的时空刚性、交易规模、信息沟通等方面的约束，创造出许多新的商业模式（Hukal et al.，2020）。有别于传统经济，数字技术使平台经济拥有一些突出的创新特征，从而使经济与市场的运行方式发生了显著改变。

一、大数据资源

中共中央、国务院发布的《关于构建更加完善的要素市场化配置体制机制的意见》指出，数据要素是继土地、劳动、资本、技术外的第五种生产要素。大数据资源成为经济发展的关键生产要素，是平台的核心资源。

大数据是由多种主体来源收集的、具有多种形式的、实时的巨大数据集合（Goyal et al.，2012），它表现为社会生活泛数据化。数字技术作为新经济的通用技术（张文魁，2022），可以实时记录几乎所有存在物的行为痕迹，人、物、关系、行为等整个社会生活都可用数据来表征。由于数据生成主体的泛化，数据信息传播方式也由单中心、单向传播向多中心、网状裂变，数据体量呈爆炸式增长（李文莲　等，2013）。

数字平台是数据生成、搜集、挖掘、整合、分析、加工、处理及价值转换的媒介或场所。如果平台经济离开大数据，一定是无源之水、无本之木（易宪

容　等，2020）。大数据具有数据同质化、可重新编程性等特性，数据同质化（data homogenization）主要强调数字技术的简洁性、便利可视性；可重新编程性（reprogrammable functionality）主要侧重于数字技术的可修改、可拓展。数据同质化和可重新编程性的特性使数字技术具备极高的可供性，且可多次重复使用，边际成本极低，是企业转型升级过程中最具竞争力的战略性资源，为企业经营活动提供了广阔空间（陈威如　等，2021）。

二、智能算法

平台拥有庞大的数据体系，通过大数据和智能算法的加持能够具有数量大、速度快、类型多、价值性和真实性等特征，可以支持需求预测、精准营销以及改善顾客体验，平台经济具有比单边市场经济更精准、更快速的资源匹配功能。

区别以往供需匹配的经验决策模式，平台把供给与需求信息以数字化形式储存，然后基于强大的智能算法实现这些数据的最优匹配和资源实时调配（李海舰　等，2020），完成真正意义上的资源优化。比如电子商务平台促进商品数字化、消费者数字化、交易行为数字化，运用跨时空连接技术，克服了实体平台中需到场完成交易活动的时空约束条件，实现了物理世界在数字空间中的孪生映射，通过智能算法提高了主体之间一对一的精准匹配，能够快速满足多样化、个性化、长尾化需求，降低交易不确定性和交易成本。

三、多边主体协同共创

平台以数字化技术为载体，通过跨时空泛在连接，聚集了多种主体参与，比如交易平台汇聚了买家、卖家、物流和服务商，社交平台汇聚了博主、“网红”、社群和广告主、品牌商等，工业云平台汇聚了各种研发企业、制造企业、组配企业、原材料企业、零部件企业和服务提供商等。平台主体越多，交互越频繁，交易越多，平台的交叉网络外部性特征就越充分显现，平台就越有价值。平台聚合了各类主体，让各类主体能直接对接，沟通信息，寻找最佳合作路径和合作伙伴，重构关系和价值链（叶秀敏，2016）。

总之，平台突破了时空高成本约束（跨时空匹配、移动成本），通过技术低成本连接多边用户，将生产、流通、服务和消费等各个环节逐步整合到平台，汇聚了海量数据与资源关系，逐步形成以供需一体化为核心，平台企业、参与企业和消费者等多主体协同的模式。通过大数据资源和智能算法，大大缩小了供需匹配的摩擦成本，提高了匹配效率与匹配精准度，推动线上线下资源有机结合，形成开放、共享、共生的生态体系（Hukal et al.，2020）。

第三节　研究评述

平台经济是过去 30 年发展起来的新经济形态，其核心是不同要素及资源的数字化连接。平台经济以迅速发展的数字化技术为基础，以数据作为关键生产要素，通过大数据与智能算法技术的搜集、挖掘、整合、分析、加工、处理及价值转换等信息甄别的新方式，克服理性行为选择过程中的信息约束、认知约束，使其成为既不同于市场价格机制也不同于企业科层管理的一种新型资源配置方式和新型产业组织结构（易宪容 等，2020）。

现有的平台研究界定了平台的概念、特征、战略要素等问题，这些研究较好地解释了平台是什么以及平台如何运行。平台为消费者提供了巨大的生活便利，也极大地改变了中国零售业的市场结构和运行方式。“新零售”“智慧零售”“无人零售”等基于平台的零售新业态、新模式不断涌现，中国零售业依托平台赋能实现新增长已成为行业发展的新趋势。

第三章 零售商业模式创新

在以数字技术为依托的商业模式中，数字平台是连接多边主体的重要枢纽，零售商业模式创新离不开数字平台的搭建(张普，2021)。数字平台包含大数据、智能算法与多边主体协同共创等核心要素，成为零售业发展的新型技术基础，数字平台从泛渠道顾客连接、大数据选址、智慧门店管理、社群营销、商品运营、物流仓配、供应链管理等各方面重构了零售经营活动，发挥着推动零售商业模式创新的重要作用。

第一节　商业模式创新理论

在国外，商业模式概念最早出现在1957年，但直到2000年之后商业模式研究才开始飞速发展，我国学术界对商业模式的研究则是从2005年开始迅速增加的(盛亚、吴蓓，2010)。受到科学技术变革、商业环境变化、市场机会拉动、消费者行为变化等因素驱动，商业模式需不断创新才能适应社会发展，从而使企业持续获取竞争优势。商业模式创新的研究结合了交易成本理论、资源基础理论、资源依赖理论、动态能力理论、价值链理论等，研究积累丰富，代表性研究有 Morris et al.(2005)、Osterwalder et al.(2005)、Zott 和 Amit(2011)、魏炜和朱武祥(2012)、杨俊等(2020)等。

一、基于价值理论视角的商业模式创新研究

经过长期研究与论证，学术界已经对商业模式的概念形成共识（杨俊等，2020），即商业模式是企业创造、传递和获取价值的基础架构（Teece，2010），是揭示企业如何创造并获取价值的基本逻辑（Amit et al.，2012），商业模式创新则是企业运用新方法、新方式、新技术等来创造与获取价值并建构新的创造和获取价值的逻辑（Casadesus-Masanell et al.，2013；杨俊 等，2020）。

从价值理论视角切入研究商业模式创新时，Osterwalder 等（2005）阐述了价值主张、价值创造、价值传递和价值获取的相互关系，强调商业模式创新可从这些要素做起。Amit 和 Zott（2012）同样主张商业模式是一个由互相联系的若干活动所组成的系统，企业和商业伙伴通过该活动系统创造价值、传递价值和获取价值，并指出商业模式包含内容（content）、结构（structure）和治理（governance）三个创新维度：内容指的是提出什么样的价值主张、选择什么样的价值创造活动等；结构描述了这些价值创造活动以及参与者是如何连接的；治理指的是规制了参与者各自的负责范围以及如何从中分配收益。

价值主张是创造价值的起点，描述了企业为消费者提供什么样的产品或服务，满足消费者什么样的需求，具体包括目标消费者界定、产品、服务及其价值描述，它是企业对消费者的一种价值承诺，也是消费者与企业价值关系的基础。价值主张强调新颖性和独特性，是为消费者、企业、供应商和伙伴创造价值的关键源泉（Amit et al.，2012）。价值主张会影响到关键流程和核心资源，即企业成功运营和管理的价值链活动（包括研发、制造、营销等流程），以及企业向目标消费者市场传递价值主张的必备资源要素（包括人员、技术、产品、服务、信息、品牌、合作伙伴和联盟关系等）。

价值创造被视为价值行为的核心和关键环节，不仅包括创造消费者价值，还包括创造企业价值和伙伴价值。价值创造发生在由供应商、伙伴、分销渠道商等联盟主体构成的价值体系中，价值体系中核心企业突破单个企业边界集合价值体系上的生产要素，而生产要素相互作用为消费者提供产品和服务的过程是一个价值创造过程(简兆权 等,2018)。

价值传递和获取是价值创造的保障和目的，通过实施不同于竞争对手的差异化运营活动来实现，各利益相关者通过共享的制度规范获取价值，才能保证价值创造的顺利进行和价值主张的实现(Amit et al.,2012)。

价值创造理论被广泛应用于商业模式的创新研究，相关研究包括了价值主张、价值创造、价值传递和价值获取等多个维度，探索企业与消费者、供应商等合作伙伴在相互依赖的活动过程中跨界合作、创造价值并各自获取价值的机制。

二、商业模式创新与竞争优势

商业模式创新是导致企业间绩效差异的关键因素(Cozzolino et al.,2018;杨俊 等,2020)。独特的商业模式创造卓越的价值和绩效，是企业应用其资源为消费者创造更好价值并从中获得更多企业价值的整体框架(Morris et al.,2005)。Aspara 等(2010)对 500 家北欧企业进行实证研究，发现重视商业模式创新的企业可以获取更高的利润回报。在商业模式创新对企业绩效的作用机理研究中，一些研究(Kim et al.,2015;Visnjic et al.,2016)发现技术创新、产品创新、创新时机等会对企业绩效产生作用。Zott 和 Amit(2001)指出商业模式的新颖性、效率性设计对企业绩效提升至关重要，不少研究发现商业模式创新导致企业间绩效差异的关键在于企业创造、传递和获取价值的系统性和整体性创新(Amit et al.,2017)。尽管商业模式创新通过价值创造改善企业绩效的观点受到广泛认同，但商业模式创新同时也可能会诱发竞争损失（魏炜 等，2020），导致商业模式创新成功率极低。换句话说，商业模式创新的绩效很可能取决于价值创造（创新收益）与价值耗散（竞争成本）之间的较量，但已有研究多从创新收益的默认前提来分析商业模式创新的绩效问题（Zott et al.，2011），忽略了竞争带来价值耗散的深层原因（魏炜 等，2020），对什么是完整性的价值创造体系以及如何建构增值的价值创造机制，仍然有待进一步探索和论证（Foss et al.，2017；Rietveld，2018）。

三、商业模式创新与动态能力

一般认为，设计比竞争对手更新颖、更完美的商业模式能使企业获取竞争优势，但是“在相似的竞争环境下拥有相似的商业模式”，为何有些企业能在竞争中获胜，而大多数企业却以失败告终？现有研究对该问题的认知仍然不足（Ansari et al.，2016）。商业模式创新能带来竞争优势（企业绩效）同其创造并获取价值的基本逻辑无关，而是蕴含的企业动态能力在特定环境下发挥了作用（曾锵，2020）。

动态能力是企业为适应快速变化的市场环境，构建、整合和再造组织内部和外部资源的能力（Teece，2007）。面对动荡的不可预测的市场环境，企业的动态能力可以使企业通过资源的重新配置来推动组织变革，实现战略转型。由于现有的商业模式是在组织内外部各项活动和各种资源的相互作用、相互关联中形成的，新的商业模式需要组织具备相匹配的能力来克服路径依赖、资源约束与组织刚性，促使创新后的商业模式能得到执行（汤新慧 等，2022）。

Teece（2007）将动态能力分为感知能力、获取能力和转化能力；Jiao et al.（2013）认为动态能力包含了对环境的识别能力、资源的整合和重构能力、柔性化组织和技术等；Wang 和 Ahmed（2007）将动态能力分为适应能力、学习能力和创新能力。罗珉、李亮宇(2015)将动态能力分为市场导向的感知能力、社会网络的关系能力、组织学习的吸收能力和沟通协调的整合能力等。实际上,动态能力构成要素丰富,不同企业的发展需求往往决定了不同的动态能力内涵。

现有的研究表明,企业动态能力促进了企业竞争优势的构建,并促使企业转型成功,但在不同的变化环境下,其形成过程和作用机制有着显著的情境差异(Koch,2010)。例如,在电子商务平台中,平台企业需要构建推动各方用户持续参与、活跃参与的动态能力,从而促进平台企业及相关企业的价值创造。而对于重构式和渐进式的供应链转型,其资源的整合和重构方式会呈现出不同的动态能力形成路径差异(肖静华 等,2015)。

综上所述,现有研究涵盖商业模式的内涵要素、竞争优势、动态能力等多个维度,据此,本章提炼了商业模式创新的三个核心内容:一是内涵创新,指的是新的价值主张、新的价值创造活动、新的活动主体、新的组织结构、新的交易诱因等商业模式新要素;二是机制创新,指的是企业编排、组合、整合、连接这些创新要素,构建有效的商业模式运行机制,使创新后的商业模式能清晰地描述如何创新和获取价值、赢得竞争优势的因果逻辑(Ritter et al.,2018;杨俊 等,2020);三是动态能力,指商业模式创新会给企业带来创新收益,但创新同时也可能会诱发竞争损失(杨俊 等,2020),企业要形成相应的动态能力以激发商业模式所蕴含的竞争优势(比如效率性、新颖性)发挥重要作用,实现竞争成本降低,获取创新收益,推动商业模式创新成功(杨俊 等,2020)。内涵创新、机制创新与动态能力全面阐释了商业模式创新过程中增加了哪些新内容、新关系、新方式等商业新要素,如何创新有关这些新要素的运行机制,机制运行需要培养哪些动态能力来支撑,等等。此定义综合了商业模式要素、要素编排运行机制与要素整合能力等多视角,旨在从一个全局的视角对商业模式创新进行全面透彻的分析。

第二节　传统经济下零售商业模式创新

一、零售商业模式的多层次创新特征

零售商业模式是指零售商为谁提供什么价值、如何提供价值的基础架构(田村正纪,2014)。零售商业模式创新过程实则是一个向消费者提出价值主张,为消费者创造价值、传递价值,让企业获取价值的过程,解决为谁、提供什么价值、如何提供价值的零售问题,其目的是为消费者创造价值并实现企业价值增值。

马克思流通理论从社会再生产整体视角和商业资本分工经济视角指出零售业作为连接生产与消费的流通中介,零售商向制造厂商、供应商等采购商品,通过将商品或服务直接销售给最终消费者而获取利润,这一行业特征决定了零售商业模式与其他商业模式相比具有其本身独特的内涵。

零售商作为商业企业,既是管理性组织,也是生产性资源的集合体,其总体目标是将其自身资源以及从外部获得的其他资源组织起来,通过销售商品和提供服务获取利润。因此,零售商业模式创新可以理解为在消费者需求引导下,将外部可获资源和自身资源重新整合,并对商品供给和服务内容进行创新,包括创新商品组合或推出自有品牌商品、增强服务功能,这一过程涵盖顾客界面、企业界面与零供界面的创新(李飞 等,2018),属于多层次混合型商业模式创新。

在顾客界面,零售商提出新颖独特的价值主张,通过选址变化、调整商品品类、创新展示方式、完善服务功能、采用多样化促销策略创造更多顾客价值。在优化供给的同时，提高业务流程运营效率，降低运营成本，提高供应链管理水平，提升商品采购及补货能力，激发价值创造潜力，由此企业界面的业务流程创新成为零售创新的第二个层次。在零供界面，以资源互补为重点，并将顾客纳入价值共创体系，以数据分析系统为手段，提升商品组合差异化水平，以定制化产品开发锁住顾客，更好地满足顾客需要，实现价值增值。总体而言，零售创新通过多层次零售要素价值再造、流程重构和资源整合，在消费者需求变化倒逼的情况下，借助数字技术新手段，从不同层次创造价值，并呈现出持续性和多元化倾向，共同构成企业创造、传递价值的动态过程（依绍华 等，2021）。

二、传统经济下的零售商业模式

从供应商处进货，然后销售给消费者是零售业最为传统的商业模式，比如早期的行商（货郎担）、坐商（夫妻杂货店）和露天集市贸易（李飞 等，2018）。零售商从为数众多的供应商处进货，形成了具有一定宽度和深度的商品组合，从而吸引消费者到店购买，零售商的买卖集聚降低了供给端和消费端的搜索成本，提高了交易效率，节约了社会流通费用。

随着商业的进一步发展，零售商从单店经营向连锁经营的商业模式创新，突破了商圈范围限制，通过门店数和门店网络连接广域消费者，实现企业成长，比如超市、便利店、专卖店等现代商业模式。基于连锁经营集聚的市场需求帮助企业实现规模经营，企业通过集中采购的业务流程改革，提高议价能力，降低采购成本，获得规模竞争优势，这是连锁经营下企业重要的商业模式创新之一。但是集中采购和分散在各地的门店销售造成采购和销售之间存在时空间隔，为了在消费者有需要的时候有适当的商品、足够的库存可销售，构建商品配送体系成为连锁经营下零售商业模式创新的重要课题。随着信息技术的发展，连锁企业投入巨资建设信息技术系统，在门店配置 POS(point of sale,销售终端)收银设备,实现门店与总部的信息实时共享。基于信息系统,零售商建立了多频率小批量的物流配送体系,实现了店头商品快速迭代,从而降低商品库存风险(郑斌斌,2018)。连锁企业导入信息技术系统赋能商业管理,极大地促进了连锁商业模式的快速发展和供应链管理。

销售、采购和配送是现代零售商业模式中的关键业务流程。采购业务流程包含了对制造商品牌的采购活动,也包括了自有品牌商品的开发、海外进口等。随着采购多样化的形成,物流配送涵盖了制造商品牌从生产阶段到零售商配送中心的一次物流,配送中心到门店的二次物流,一直延伸到从自有品牌商品的原材料采购到制成品为止的所有物流,还包括附加配送中心分拣、再加工等功能。门店则通过店铺氛围装饰、考究的陈列、合适的价格以及一系列的促销活动来实现商品销售(郑斌斌,2018)。

采购、销售和配送的内涵随着企业创造的顾客价值的不同而不断创新。比如沃尔玛超市以天天平价的市场战略提供物超所值的顾客价值,通过提高物流配送效率,加强信息系统的建设,实现低成本采购、低成本配送的商业模式创新(李飞 等,2006)。而同属超市业态的永旺公司则以重视顾客体验为市场战略,为顾客提供具有独特价值和优良品质的商品,通过提高商品部门开发 PB(private brand,自有品牌)商品的能力实现商业模式创新(郑斌斌,2018)。再如 7-Eleven 便利店为了向顾客提供即时消费的便利价值,开发专属工厂,组建商品开发团队和共同配送系统,构建多频率小批次的物流配送系统,加快店头商品迭代速度,以此来实现商业模式创新(郑斌斌,2018)。

总体而言,传统经济下零售商根据市场环境变化,基于独特的价值主张,以信息技术为基础,对采购、销售、配送等关键业务流程进行不断调整、磨合,从而衍生出崭新的商业模式,得以为消费者提供有价值的商品或服务,吸引消费者购买并获得销售收入,图 3-1 总结了传统经济下零售商业模式的基本框架。

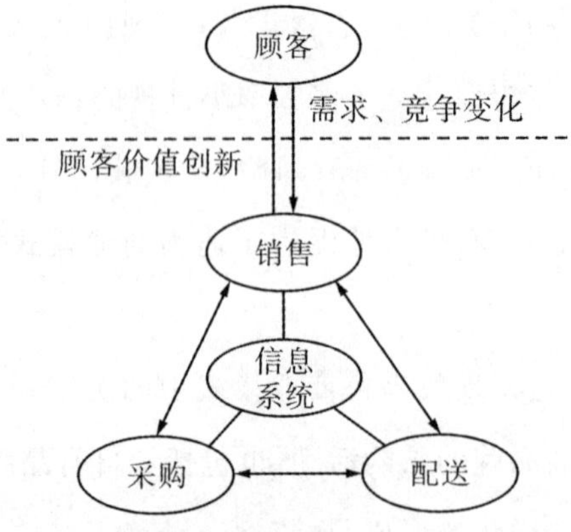

图 3-1　传统经济下零售商业模式的一般框架

图片来源:作者绘制。

第三节　传统经济下零售商业模式创新与竞争优势构建:日本 7-Eleven 便利店

创新是过程,优势是结果,企业如何通过商业模式创新获取竞争优势一直是商业模式研究的重要课题。本节以日本 7-Eleven 便利店为案例研究对象,根据上一节提炼的传统经济下零售商业模式的一般理论框架,探讨传统经济下如何通过零售商业模式创新来构建竞争优势,通过对比分析深入对平台经济背景下零售商业模式创新机理的探讨。

一、竞争优势的来源

企业的竞争优势表现在比竞争对手创造更独特的顾客价值,取得更好的业绩(高岛克义,2015)。早在 20 世纪 80 年代,以 Porter 为代表的学者们认为企业能否取得竞争优势取决于该企业的产业结构竞争力(波特,

1997)，强调企业外部环境的作用，缺乏考虑内部因素对企业成败的影响。基于此，Wernerfelt(1984)提出资源基础理论，指出企业的竞争优势来源于其专属性资源，如土地、资本等经济因素。在 Wernerfelt 的研究基础上，越来越多的研究倡导资源的重要性，强调企业拥有的资源越是稀缺、专属和不易模仿，企业就越能获得竞争优势。

进入 20 世纪 90 年代后，研究的重心由关注静态资源向资源整合能力转移，Prahalad and Hamel(1990)指出企业单纯持有资源是不够的，必须拥有灵活整合这些资源的能力，即核心能力。核心能力是整合与协调企业在长期发展过程中积累形成的各种技能、技术、知识的综合能力，该能力具有不易被模仿的特征，使得企业能够超越竞争对手为顾客创造价值，是企业竞争优势的来源。但是在外部环境迅速变化的情况下，核心能力易呈现刚性，滋生组织惰性，阻碍企业对环境变化的适应，原有的核心能力反而会成为企业丧失竞争优势的原因(Barton，1992)。为了克服核心能力的刚性作用，企业需要从动态角度重构核心能力来适应环境变化。Teece 等(1997)提出了动态能力理论，动态能力理论认为企业的核心能力是动态的，包含了开发企业现有的能力和更新现存能力的能力，使得企业在面对变幻莫测的市场环境时，能够迅速整合、建立和重构其内外资源、技能，从而形成新的核心能力。

近 40 年来，在企业竞争优势来源方面，形成了产业结构理论、资源基础理论、企业能力论、动态能力论等代表理论，这些理论经历了重视外部环境的作用，到内部资源的重要性、资源整合能力，再到核心能力的动态变化以及重新重视外部环境的作用等的思路变化。但是已有研究或围绕企业的核心能力，或围绕企业的外部环境来探讨企业的竞争优势，未考虑企业的整体模式，使得竞争优势的构建理论有一定的局限性。商业模式是技术进步转化为经济与社会价值创造的中介因素(Chesbrough et al.，2002)，众多学者认同商业模式创新已成为企业竞争优势的来源。如前所述，零售业作为连接生产与消费的流通中介，是一个需要与成千上万的供应商紧密合作的行业，零售商业模式具有同时面向消费者与供货商的多层次创新特征，采用零售商业模式的企业可以通过与其他企业的互补合作和资源整合来塑造竞争优势，因此其竞争优势应该是基于商业模式，由外部环境、组织的内部核心能力、整合供应商价值链的组织外部核心能力等共同构建而成。

二、零售商竞争优势的构建路径

利维等学者(2004)认为顾客忠诚、门店选址、与供应商关系、信息管理系统、低成本经营这五个要素构建了零售商的竞争优势。李飞和汪旭晖(2006)认为零售商的竞争优势源自流程，并以沃尔玛为例，指出其“天天低价”的竞争优势源于低成本采购—低成本配送—低价格销售的业务流程。Dawson(2007)指出零售商的竞争优势由零售业态创新、信息管理系统、价格结构、营销手段创新、产品陈列方法以及资本投入能力等构建。宋晓华等学者(2007)认为，零售商竞争优势来源于企业的价值链，培育竞争优势的关键就是优化价值链的过程。Sorescu 等(2011)提出零售商不应局限于卖什么，更应重视如何卖，即优秀的商业模式能为企业带来的竞争优势。

已有研究从企业资源、核心能力、业务流程、商业模式等不同角度探索了零售商竞争优势的构建路径，但是这些概念各自分散，缺乏说服力。比如核心能力与业务流程之间的内在关系如何，是互相独立还是紧密关联，如果是紧密关联，那么核心能力是不是从业务操作过程中培养出来的，又是如何培养的，抑或业务流程的效率是如何受制于核心能力的水平，等等，已有研究并没有对其进行明确的阐述。同时已有研究仅将零售商视为独立的个体，聚焦于零售商自身的资源禀赋、能力体系或业务流程中的某个关键要素，缺乏统一的理论框架，相关研究成果难以运用于实际工作中。再者，一旦形成竞争优势，这种竞争优势能持续多久，随着竞争对手的模仿和追赶，曾经形成的竞争优势不再是竞争优势，甚至变成竞争劣势的时候，企业应该如何再造竞争优势呢？已有研究多从静态方面分析竞争优势的构建，较少从更长的时间周期来研究竞争优势的动态构建过程。有关长期竞争优势的研究需要从不同的时间阶段来探讨企业是如何一步一步构建起来的，并最终常胜不败。

综上所述，在快速变化的环境下，零售商在识别消费者需求变化和市场竞争威胁的基础上，制定相应的市场战略，创新商业模式，整合企业内外部资源，为顾客创造独特的价值，才能赢得持续的竞争优势。不同的市场战略需要企业构造不同的业务流程与之匹配，同时形成不同的核心能力来实现。本文主张企业的竞争优势是在商业模式这一整合研究框架中市场战略、业务流程、核心能力三者相辅相成的结果表现，即采取零售商业模式的企业的业务流程须与其市场战略高度匹配，实现业务流程的高效运行和制定具有前瞻性的市场战略则是企业的核心能力，同时企业的核心能力又是在业务流程不断改进的过程中得到了强化。由此，我们可以建立零售商业模式创新与竞争优势构建模型（见图 3-2）。

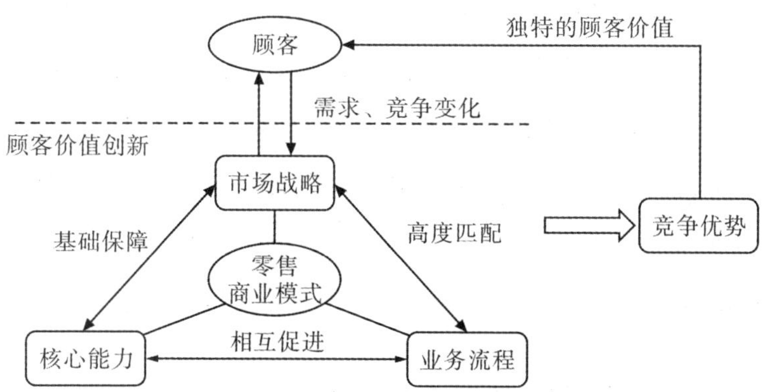

图 3-2　零售商业模式创新与竞争优势构建模型

图片来源：作者绘制。

三、案例描述

(一)研究方法

便利店是一种满足顾客应急性、便利性需求的零售业态,该业态模式于1927年由美国南方公司首创,20世纪70年代被引入日本并在日本市场快速成长。根据日本连锁经营协会的统计,2016年日本便利店市场规模高达11兆日元[①],其中日本第一大便利店7-Eleven自1974年开店至今销售额长期持续增长,单店营收能力一直位居日本便利店的榜首。之所以选取7-Eleven作为研究对象,主要有以下原因:(1)7-Eleven从成立至今,保持了长期的持续增长,这种长期竞争优势的构建是值得研究的;(2)7-Eleven的发展历经半个世纪,有利于对其竞争优势的动态构建进行长周期研究,并可以获得可借鉴的成功经验。

在具体的研究过程中,笔者首先在日本经济新闻、日经产业新闻和日经流通新闻等日本权威的财经报纸上收集7-Eleven的相关数据,在此基础上广泛查阅7-Eleven的各种公开资料,包括业务数据、财务报表、宣传资料、内部刊物、高层管理者讲话稿、企业记事等,阅读了大量与7-Eleven相关的论文、专著等,以获得尽可能丰富和翔实的资料。笔者在日留学期间,长期研究日本便利店,积累了较为全面、完整的便利店的相关数据,并且通过在便利店长达5年的兼职工作,对便利店的经营模式形成了深刻的理解。

(二)日本7-Eleven便利店企业简介

7-Eleven、罗森、全家和Circle K Sunkus是日本四大便利店品牌,如表

① 参见日本连锁协会官方网站:http://www.jfa-fc.or.jp/particle/320.html。

3-1 所示，截至 2015 年，日本第一大便利店品牌 7-Eleven 在日本国内已开设 17491 家门店，年销售额突破 4 兆日元[①]，占日本便利店业态高达 39%的市场份额。7-Eleven 成立至今其销售额长期持续增长，单店营收能力较其他便利店高出 40%左右，其竞争优势一直位居便利店业态榜首。鉴于此，分析 7-Eleven 在长达半世纪的商业周期中竞争优势的构建机制，可为我国便利店企业竞争优势的构建与创新实践提供一定的参考和借鉴意义。

表 3-1　日本四大便利店经营状况比较

便利店名称	7-Eleven	罗森	全家	Circle K Sunkus
第一家门店创立的年份	1974 年	1975 年	1973 年	1979 年
上市时间	1979 年	2000 年	1987 年	2004 年
截至 2015 年日本国内门店数/个	17491	12276	11328	6353
2015 年年销售额/日元	4.29 兆	2.05 兆	2.01 兆	0.98 兆
单店日平均营业额/日元	67 万	46 万	48 万	42 万
净利润/日元	1629 亿	314 亿	210 亿	80 亿
单店日平均利润/日元	25506	7013	5095	3452
市场份额	39%	18.6%	18.2%	8.9%

资料来源：根据日本经济产业省商业销售统计和各公司决算信息等资料整理而成。

四、案例分析

下面将 7-Eleven 的商业模式创新分为五个阶段，针对每个阶段，以消费者需求和市场竞争结构的动态变化为起点，详细分析市场战略、业务流程、核心能力之间的互动关系，勾画出每个阶段竞争优势的形成过程，从而揭示长期竞争优势的动态构建机制。

---

① 参考 7-Eleven 日本官方网站：http://www.sej.co.jp/company/tenpo.html。

(一)20 世纪 70 年代:构建为顾客提供便利的竞争优势

7-Eleven 于 1974 年在东京江东区开设了第一家门店,目标消费群体为 20～35 岁的年轻消费者(1940—1955 年出生的人),主要包括新进城的单身青年白领、蓝领以及大学生,该消费群体经济收入较高,消费活跃,夜生活丰富。20 世纪 60 年代起日本流通企业竞相开发郊外综合超市、市区百货公司等大型门店,商业发展的大型化、郊区化无法满足市区内年轻消费者的即时需求,尤其是晚上 8 点之后的夜间购物需求(郑斌斌,2016)。7-Eleven 洞悉了消费者的购物需求后,提出了"代替家庭冰箱"的市场战略,即销售 15 分钟之内能够消费的商品。为了满足顾客在时间和空间上的购物便利,首先,7-Eleven 率先实行从早上 7 点到晚上 11 点、年中无休的长时间营业,比早上 10 点开店晚上 8 点关店的综合超市、传统商业街多出了 54%的营业时间,从而为消费者提供了时间便利。其次,7-Eleven 销售酒、零食、面包、熟食、杂志书籍、文具等大约 3000 个种类的商品,为消费者提供多品类、少量的一站式便利购物。再次,实行区域内密集开店模式,为本地区的顾客提供空间上的购物便利。最后,通过吸纳深受综合超市挤压的夫妻店加盟,将这些缺乏竞争力的中小零售店整合起来,从而实现经营效率的提高和规模效益。

这一时期,7-Eleven 没有跟随其他流通企业大力发展综合超市等热门业态,而是发现便利店业态这一蓝海市场,率先提出为顾客创造购物便利的市场战略,利用有限的门店面积建立长时间、多品种的销售业务流程,为市区年轻消费者提供时间和空间上的购物便利,构建了 7-Eleven 创业初期的竞争优势,这种竞争优势来源于对市场需求的洞察能力、制定创新的市场战略的能力和将市场战略彻底贯彻实施的行动力,这种核心能力主要来自其创始人铃木敏文。创业初期,企业决策者需要根据市场需求变化重新配置企业资源,企业决策者的能力对竞争优势的构建起到至关重要的作用。

(二)20世纪80年代:构建门店竞争力的竞争优势

20世纪80年代初期多家流通企业争夺便利店市场,竞争对手相继模仿7-Eleven的长时间、多品种经营。随着竞争对手的追赶,7-Eleven需要构建新的竞争优势,才能常胜不败。便利店经营的商品范围涵盖了一般超市的所有品类,在只有100平方米左右的门店里如何销售3000多种商品?因此,提高卖场利用率,增强门店营收能力是这一阶段7-Eleven提出的市场战略。

7-Eleven进一步增加商品种类,通过提高客单价来提高门店的营收能力。由于商品经营范围广,门店面积有限,必须实行严格的库存管理,保持最低的单品库存量。为了保证门店最低库存量不断货,7-Eleven建立了多频率、小批次的物流配送体系,即一天配送三次,每次少量配送。此时提高多频率、小批次物流配送的精度的关键在于需要及时准确地掌握什么时候卖出了什么商品、货架上还剩下多少商品等销售数据。1981年起7-Eleven率先对全门店进行POS信息系统的巨额投资,以获取实时销售数据。其竞争对手Circle K Sunkus、罗森、全家分别于1987年、1988年、1990年才开始导入POS信息系统。但是多频率、小批次的物流配送体系容易产生高昂的物流费用。7-Eleven通过与二级批发商建立共同配送中心,节省了物流费用。面对竞争对手在全国各地的扩张战略,7-Eleven却采取了开店地域限制的保守战略,在东京首都圈、北海道、宫城、福冈等限定区域彻底实施密集开店模式,即在半径2～5公里以内集中开设30家门店,密集开店有利于提高店铺品牌知名度和节省配送费用。

7-Eleven为了提高卖场利用率,开始实行单品管理制度,通过POS销售数据的实时分析,尽早发现热销商品和滞销商品,通过多频率、小批次的物流配送体系,不断导入热销商品,淘汰滞销商品,提高商品的周转率。通过精细的单品管理,7-Elcvcn门店的整体利润实现了较大幅度的增加。

20 世纪 80 年代 7-Eleven 提出了提高门店竞争力的市场战略，建立了多频率、小批量的配送体系，解决了门店低库存和易断货的矛盾。为降低物流成本和提高配送精度，7-Eleven 以导入 POS 信息系统为基础，根据顾客群、时间段、气候变化等实时数据，不断调整商品结构，通过与供应商建立共同配送中心、限定区域密集开店、建立初步的单品管理体系等一系列的业务流程的改革，培养了物流与门店库存同步协调的能力、门店运营能力、与供应商协作的能力等核心能力。随着核心能力的提升，销售、配送和采购的业务流程进一步完善，企业的经营效率得以提高。

（三）20 世纪 90 年代：构建强化顾客价值的竞争优势

20 世纪 90 年代日本泡沫经济崩溃，零售业态之间的交叉竞争白热化，24 小时营业、低价竞争成为各类零售业态的常态，处于高价位的便利店业态陷入了竞争劣势。但是 7-Eleven 没有参与低价竞争，而是提出了强化顾客价值的市场战略。第一，加强单品管理，以日、钟点为时间单位，根据顾客需求变化迅速调整商品陈列，增强卖场机动性。第二，及时排除滞销商品，不断导入新产品，加强 PB 商品开发。7-Eleven 与一流的工厂、一流的厨师、知名零售店等进行合作，共同开发附加价值高的优质产品，摆脱 PB 商品低价竞争；每周开发 100 种新商品，达到了每年 70%以上的商品更新率。便利店的目标顾客是年轻消费者，他们对新产品的需求旺盛，新产品信息通过口碑效应迅速传播，吸引了更多的消费者进店消费，加强了 7-Eleven 的竞争力。第三，加强门店督导队伍建设，门店督导负责向门店传递总部决策、市场推广等信息，监督门店的执行情况，提高单品管理的精度。门店督导也可以根据门店所在的商圈特点、销售动向等，向总部提出建议，制订适合该门店的商品经营计划。第四，提供服务项目。由于便利店的卖场面积受限，无法无上限地增加商品销售种类，于是 7-Eleven 率先通过代收各种费用（比如煤气费、电费、电话费、宽带费、保险费、网络费、飞机票、电影票等）来增加营业收入，将便利店打造成双职工家庭、单身者必不可少的生活场所。

一反其他流通企业的价格竞争，7-Eleven 在这一阶段提出强化顾客价值的市场战略，通过深化门店的单品管理、组建门店督导队伍、推出服务类销售项目等业务流程的改革，以及加强单品管理能力、跨界合作开发 PB 商品的能力等，来构建竞争优势的新高点。

（四）步入 21 世纪：构建增加顾客附加价值的竞争优势

进入 2000 年后，便利店经过 30 年的发展，其目标顾客群体中 40 岁以上的顾客比例由 1987 年的 19%增加到 2002 年的 35%，顾客群体向高龄化发展。针对顾客群变化，7-Eleven 提出了构建顾客附加价值的市场战略，推出了面对高龄人士的上门销售服务，开发售价在 100～200 日元之间的小分量包装的熟食等产品。此外，对出行不便的地区或无法到店购买的顾客推出食品配送服务，顾客可以通过 7-Eleven 的食品目录，通过网络或传真等渠道下单，由快递公司送货上门。

针对都市人口和乡村人口结构、特征的不同，7-Eleven 改变了全国统一的标准化商品经营，采用了不同地区销售不同商品的本土化经营方针，成立了地方商品开发小组，负责开发本地区的特色商品。同时，加强门店督导的作用，授予门店督导更大的自主权，门店督导可以根据各自门店的商圈环境和顾客特征进行门店商品经营、货架管理、库存管理等现场管控。

在日本便利店市场饱和、消费者群体发生变化的市场环境下，7-Eleven 提出了增加顾客附加价值的市场战略，对上门销售服务、食品配送服务、门店差异化经营等业务流程进行改革，发挥门店督导的桥梁作用和现场管控能力，构建了新的竞争优势。

（五）2010 年至今：构建全渠道零售的竞争优势

进入 2010 年后，由于市场饱和、竞争激烈、人口减少、消费疲软等的出现,便利店业态停滞不前,同时面临着新兴业态网购的竞争威胁。日本网购自 2001 年开始普及,零售、服务的网络销售额由 2001 年的 14840 亿日元跃升到了 2015 年的 137746 亿日元(田村正纪,2014),超过了便利店业态的市场规模。网购向消费者提供时间和空间上的购物便利,吸引职业女性、育儿家庭和单身男性等消费群体,这与便利店顾客群体高度重复。2014 年 7-Eleven 的 CEO 铃木敏文提出了全渠道零售战略。母公司 Seven & i 整合旗下各业态,投入巨资构建库存信息一体化系统,接受所有门店订单,线上线下销售融合,统一配送,以此来打造不受时空限制的无缝式购物模式。

网购的竞争使便利店逐渐失去了"便利"的竞争优势,7-Eleven 提出了全渠道零售的市场战略,整合集团公司各业态的资源,进行全集团信息一体化投资,获取流量入口,线上线下销售融合,对顾客管理、供应链管理、信息系统等进行统合管理,培养整合集团资源的能力,为顾客提供无缝对接的购物体验,试图构建新的竞争优势。

五、结论及启示

本节将 7-Eleven 接近半个世纪的时间长度商业模式创新划分为五个阶段,对其竞争优势的构建机制进行了探讨。如图 3-3 所示,7-Eleven 以消费者需求变化和竞争结构的改变为起点,持续提出具有行业前瞻性的市场战略,其市场战略从最初的提供"便利"的顾客价值开始,不断升级为顾客提供"便利+n 个附加价值",并在不同的历史阶段赋予了"便利"不同的内涵,如从时间和空间上的购物便利升级为上门销售的居家便利,实现了顾客价值的创新。随着市场战略的不断升级,商业模式的业务流程也在不断革新、完善,保证了市场战略的彻底执行。7-Eleven 以信息系统为基础、门店督导为桥梁,门店严格执行单品管理制度,总部进行制造商品牌(manufacturer brand,MB)的大量采购、PB 商品的积极开发,销售和采购之间以多频率小批次配送体系为调节手段，从而建立了销售—配送—采购的高度联动的业务流程。在业务流程改革过程中，企业的门店运营能力、高效配送能力、商品采购开发能力、供应商协作能力等得到了培养。7-Eleven 通过不断地整合组织内外核心能力和修正现有能力来进一步推动业务流程的改革，其商业模式并非一朝一夕建成的，而是随着市场战略的变迁和核心能力的提高不断更新而成的。在为顾客提供服务、满足顾客需求变化的顾客价值创新过程中，提高了企业洞悉市场变化的能力，又为制定下一阶段的市场战略提供了基础和保障。市场战略、业务流程、核心能力的动态联动、反复循环的结果，就是为顾客提供竞争对手所没有的独特价值，取得比竞争对手更好的业绩，从而持续更新自身的竞争优势。

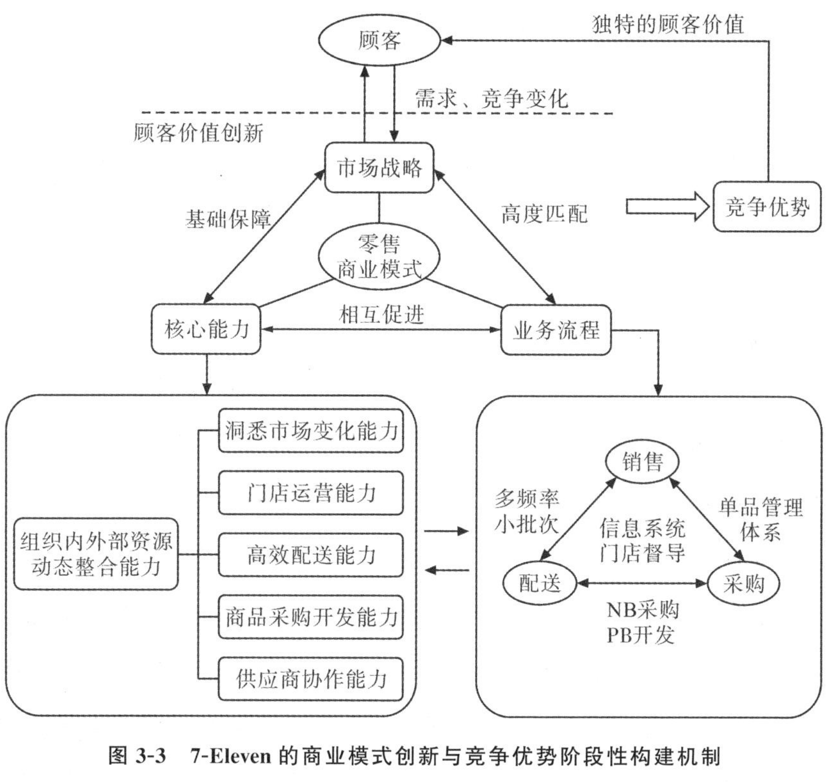

图 3-3 7-Eleven 的商业模式创新与竞争优势阶段性构建机制

图片来源：作者绘制。

由前面的分析可知，便利店企业以洞悉市场变化的核心能力为基础，制定具有行业前瞻性的市场战略，为配合市场战略的执行，对销售、采购、配送等商业模式关键业务流程进行一系列改革，业务流程的改革和实施能够不断培养企业的核心能力，同时对核心能力的整合和修正可以有效改善业务流程，提高经营效率。在不断地为顾客进行价值创新时，提高了企业洞悉市场变化的能力，为制定下一阶段的市场战略提供了基础和保障。企业现阶段的竞争优势在前一阶段竞争优势的基础上构建，每个阶段的竞争优势不断叠加，最终形成了企业的长期优势，即在市场战略、业务流程、核心能力三方面进行持续的、动态的相互促进、循环往复，在商业模式动态调整过程中构建了企业长期的竞争优势。这为平台经济背景下零售业如何通过商业模式创新获取竞争优势提供了有意义的洞察和启示。

第四节　平台经济背景下零售商业模式七要素模型

如前所述，商业模式是价值创造与获取的基本逻辑，商业模式创新包含了内涵创新、机制创新、动态能力等核心要素。平台经济背景下零售业依托平台进行商业模式创新成为趋势，在零售价值创造过程中，顾客、零售商、供应商等主体之外还增加了平台主体，平台的参与并非简单增加一个主体，而是彻底改变了零售经营活动，重构零售价值创造机制。本节根据商业模式创新理论提炼了内涵创新、机制创新、动态能力等三个核心要素，结合零售多层次创新的行业特征，构建了平台经济背景下零售商业模式的模型，该模型通过七个要素来定义与描述，具体包括顾客、零售商、供应商、平台、零售内涵创新、零售机制创新、零售动态能力。这七个要素存在内在联系，相辅相成，相互作用，形成了零售的各种运动，包含了顾客界面、内部构造界面、供应关系界面、平台界面等核心界面，从行为主体、模式要素到运行机制、动态能力构成了一个完整、统一的商业模式体系，凸显了平台经济背景下零售商业模式创新的协同性、系统性特征。

一、零售内涵创新

（一）顾客价值主张

内涵创新包含面向顾客的价值主张和零售价值创造活动两大部分的创新内容。传统经济下，由于受到物理空间和线性时间的有界规制，对消费者来说到店购物存在“绝对距离”，需要付出相应的时空移动成本，因此，零售门店能够吸引的消费者的数量有限。传统理论认为零售商尽可能集约商圈头部消费者的需求并进行同质化处理，以实现有限顾客数量下的规模效应。在平台跨时空连接消费者的情境下，消费者的数量不断裂变，平台机器学习方法可以有效挖掘消费者行为数据之间的内在联系，消费需求由同一时间段内的同质化需求演化成同一时间段内不同场景的个性化需求（李海舰等，2014）。顾客价值主张从传统的“千人一面”扩展到平台经济背景下的“一人千面”，在平台的大数据和智能算法的作用下，消费者的购物全过程可视为各个节点连接而成的数据链条，每个节点都是一个价值创造单位，零售时空价值创造思维需由核心价值创造向由节点汇聚而成的价值网络创造转变（罗珉 等；郑斌斌 等，2020）。因此，平台的参与为零售不断挖掘并提出崭新、独特的价值主张提供了更广阔的空间。

（二）零售价值创造活动

销售、采购与物流是零售关键业务流程和价值创造核心活动，由于平台的全渠道连接与开放融合促使零售业务复杂化、高级化，比如线上线下门店矩阵化、门店形态差异化、商品结构异质化、动态定价、动态促销等，已经超越了传统的销售、采购和配送的范畴，本书将零售价值创造活动体系定义为由终端运营（销售）、商品经营（采购）、物流仓配（物流）三大部分构成。

零售的终端运营包含了线上线下门店网络结构和零售经营要素两个部分的运营内容，门店网络结构包括门店数量、门店规模、门店分布以及线上门店矩阵、平台社群管理等，零售经营要素指的是选址开店、商品陈列、定价促销、顾客服务、门店设施、门店氛围等。平台经济背景下零售商线上、线下同时开店运营，门店模式多样化、营销技术智能化、动态化，超越了传统经济下连锁门店"集权—标准"的运营技能，提出了更加复杂的运营管理诉求。

零售商向众多供应商采购商品，通过商品陈列、展示、促销和合适的价格水平吸引消费者购买，实现顾客价值创造和传递。在此过程中，零售商向什么样的供应商采购什么样的商品或者研发什么样的自有品牌，商品品类要如何扩充和互补，商品更新速度如何，需要提供哪些配套服务，如何形成有魅力的商品组合，消费者的潜在需求如何挖掘，消费数据如何积累和分析，如何预测消费需求，如何基于需求预测制定商品经营计划，如何为消费者策划更有吸引力的生活提案等，这些构成了商品经营的主要内容（Zheng，2020）。

随着采购多样化、门店多样化、线上线下配送需求多样化，物流配送涵盖了制造商品牌从生产阶段到零售商配送中心的一次物流，配送中心到门店的二次物流，一直延伸到自有品牌商品的原材料采购到制成品为止的所有物流，附加配送中心分拣、再加工等功能（郑斌斌，2018）。平台经济背景下零售的物流仓配面临复杂多样且时效性更强的配送需求，其智能化、网络化物流体系的构建成为重要的课题。

二、零售机制创新

机制创新包含了顾客价值创造机制创新与企业价值分配机制创新（企

业盈利模式创新)两大部分。

平台经济强调价值共创,以顾客价值为切入点,由单向价值创造向价值共创转换,由价值链创造逻辑向价值网共创逻辑演化(Gummesson et al.,2010),在面向顾客的价值创造上多边主体的价值共创方式成为价值创造新机制。

平台经济背景下企业价值创造与价值获取逐渐分离,零售商很难仅从买卖价差中获取收益,企业需摆脱从商品价差中获取利润的传统盈利思维,塑造从经营实体商品转变到经营商品数据的平台思维(依绍华,2018),通过产品组合重构、用户组合重构等方式拓展收入来源(王琴,2011),这是平台经济背景下企业价值获取机制构建的核心所在。

三、零售动态能力

一般情况下,零售商的核心能力包含了策划市场战略的能力、门店运营能力、商品采购能力、PB商品开发能力、物流配送能力等组织内部核心能力(郑斌斌,2018)。由于零售商销售的商品种类繁多,需向众多的供应商采购成品,或者定制PB商品,因此建立与供应商的协调合作能力是零售商主要的组织外部核心能力(郑斌斌,2018)。此外,组织内、外部核心能力不是独立存在的,企业还需具有整合这些核心能力的能力(郑斌斌,2018)。所以,零售商的动态能力是零售商具有向顾客长期稳定地提供独特价值的组织能力,并且具有适应环境变化的修正能力,是一个动态复式概念,其动态能力不是天然形成的,而是在业务流程不断改进的过程中得到了培养和强化(郑斌斌,2018)。

平台经济背景下,驱动零售商业务改善和优化的动态能力的内涵更加丰富。平台从消费者、商品/服务、业务流程、供应链管理等全链路收集大数据,实现人、货、场的全面数字化,大数据与智能算法叠加实现了零售数字化经营,培养了零售数字化能力。同时平台通过连接多方用户和价值互动来实现增长,是一个包含消费者和多方利益相关者的共创组织,其价值来自多方参与者之间的资源交互(Ramaswamy et al.,2015)。因此,零售动态能力的形成过程不仅仅强调了企业和消费者主体之间的资源交互,还包括与其他利益主体的多方资源交互。总之,动态能力是实现商业模式创新成功的保证,是通过业务操作、组织间学习、知识共享、多方资源交互等养成的。

平台从消费端的用户连接和信息采集开始,将业务全面在线打通,整合各个业务数据和消费数据,运用大数据与智能算法实现运营数据化、营销数字化、决策智能化。据此,本书将零售动态能力归纳为平台经济背景下的零售数字化能力。

综上所述,零售商业模式创新是系统过程(曹鸿星,2010),通过多主体、多层次零售要素价值再造、流程重构和资源能力整合,在消费者需求变化的驱动下,借助平台新技术手段,通过终端运营(销售)、商品经营(采购)与物流仓配(配送)等零售关键价值活动,从不同层次创造价值,并呈现出持续性和多元化倾向,从而构成企业创造、传递价值的动态过程(张旭波,1997)。平台经济背景下零售商业模式七要素模型归纳如图 3-4 所示。

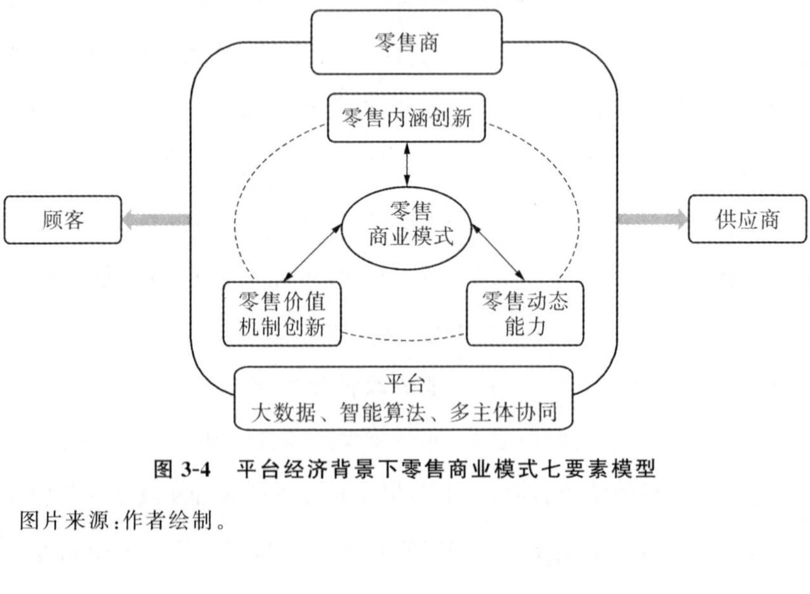

图 3-4　平台经济背景下零售商业模式七要素模型

图片来源:作者绘制。

第四章

基于平台型增长的零售商业模式创新机理

第一节 问题的提出

在人与物高度连接的数字经济时代，以产品差异化、单体企业为主的传统竞争逐渐演变为平台竞争（Tan et al.，2015）。近年来随着阿里巴巴、京东、拼多多等电商平台企业的强势崛起，以及线上线下融合经营的“新零售”“智慧零售”“无人零售”的兴起，零售商的平台优势越来越受到关注（Sridhar，2011；晁钢令，2015），平台型增长成为我国传统零售商商业模式创新的重要方式之一（朱良杰 等，2018）。平台是通过促进双边或多边用户达成交易，并从中获取收益的经济组织（Eisenmann et al.，2006），然而如何从传统增长方式转换为平台型增长方式，如何对传统商业模式进行创新以匹配新增长方式？众多零售商面临三个方面的难题：第一，互联网连接一切，零售商如何从传统卖货思维转向连接各方用户，实现价值协同的互联网思维；第二，零售商要如何超越传统的买卖功能，转向平台治理，即不同参与者角色的关系管理和赋能各方用户的平台功能；第三，销售、采购、配送是零售商的关键业务流程（Yahagi，2011），在平台型增长中这些关键业务流程要如何革新才能使得新的商业模式具有可操作性。

在学术上，商业模式是一种创造顾客价值并实现企业价值的基本逻辑（Teece，2007；Zott et al.，2010），目前越来越多的文献开始从平台竞争的视角探讨企业商业模式。大多数研究指出平台经济背景下商业模式出现了两个重要的变化：其一，顾客价值创造由单线提供方式向网络化共创方式演变（罗珉 等，2015）；其二，企业价值获取从顾客价值传递中逐渐分离，企业需另觅新收入来源（王琴，2011）。现有研究虽然已经超越了企业是价值的唯一创造者，顾客只是纯粹的价值使用者的传统观念（Normann et al.，1993），但仍停留在服务导向逻辑下的企业与顾客的双元互动关系范式下的价值共创(Vargo et al.,2016),对零售业中供应商、顾客等多方主体同时存在、多元主体两两交互的价值共创网络的研究仍明显缺乏。此外,现有研究更关注企业与顾客是如何通过资源交互实现价值共创的,而忽略了对企业价值获取机理的剖析。部分研究指出在互联网免费经济兴起的背景下,企业必须通过产品组合重构、用户组合重构等方式拓展收入来源(王琴,2011),但是并没有真正重视并利用大数据资源这一重要的生产要素来创造新价值(杨学成　等,2015;齐严　等,2017),而大数据是万物互联的平台所沉淀下来的宝贵的专属性资源,数据价值的挖掘与创造也是零售商从经营实体商品到经营商品数据的思维转变的核心所在(依绍华,2018)。

零售商业模式创新研究已积累了较丰富的成果,但是关于平台经济兴起背景下基于增长方式转换的零售商业模式创新研究成果仍然有限,且现有研究无法充分回答上述焦点问题。平台经济背景下零售商业模式根据零售商是否自建平台可以分为零售商自建平台进行平台自主型商业模式创新以及在平台上开店、借助平台进行平台依附型商业模式创新两大类型。在实践中,零售商自建平台与依附平台两种方式交叉使用、相互内置和协同创新的案例不少。企业进行平台型商业模式创新以实现平台型增长是平台经济背景下零售业的新增长模式,由此使传统零售活动发生了巨大变化。平台型增长改变了商业模式的价值逻辑,因此本章重点关注零售商自建平台实现平台型增长的平台型商业模式创新,运用前章所构建的平台经济背景下零售商业模式的七要素模型,探究零售商业模式从传统增长向平台型增长转型过程中的商业模式创新机理、特征等,为探索平台经济背景下的流通创新提供理论支撑,并为零售商实现新增长的方式提供对策建议。

第二节　平台型增长下的价值共创

一、平台型增长方式

平台经济背景下企业间的竞争力不再取决于单一产品技术、单一企业规模、单一企业品牌，而是取决于其所在平台的资源整合能力、满足用户需求的反应速度(李允尧 等，2013；Zheng，2020)。平台经济正在瓦解经济活动的传统组织方式，重塑价值链，改变价值创造和价值分配逻辑。根据平台经济理论，本章将平台型增长方式界定如下：企业以现代信息技术为载体，以网络外部性为特征，同时吸引双边或多边用户，平台运营者赋能平台各方用户，促进平台双边用户达成交易，通过平台网络增值来实现增长的新型企业增长模式。

平台型增长来源于平台对供需异质性资源的整合，这种整合促进平台各参与者(买卖双方、互补者等)之间的大量连接和价值互动，通过网络化的价值共创方式获得企业成长。因此，零售商要实现平台型增长，首先要改变顾客价值创造的逻辑。平台型增长强调价值网络中各方主体的价值共创，不同于现有的价值链视角下的单线价值提供方式或服务导向逻辑和双元互动关系范式下的价值共创(Vargo et al.，2016)，零售商的平台型增长更关注零售商和供应商合作向顾客传递供给侧价值，零售商和顾客合作向供应商传递需求侧价值，供应商和顾客合作向零售商传递连接侧价值(刘江鹏，2015)。以零售商、顾客和供应商为主体的两两交互的价值共创网络的建构成为零售商业模式由传统增长向平台增长创新的核心。其次，随着价值创造方式的改变,顾客价值创造、传递和企业价值实现过程逐步分离。传统增长模式中,企业和顾客通过产品交换来获取价值,但在平台型增长模式中,“互联网的免费模式”“全网最低价”等热词也表明了哪怕零售商向顾客提供质优价美的产品或服务,也很难直接从中获得价差收入。同时,以往研究过于强调顾客价值创造而非企业价值的实现,在实践中,有些设计完美的商业模式却由于缺乏企业价值获取逻辑,从而造成企业在大量投资后不可持续,不得不退出经营,因此在零售商业模式创新时必须剖析企业价值实现机理,重构价值网络、拓展新的收入来源,才能实现盈利并保证商业模式的稳定性(王琴,2011)。

二、零售商的价值共创演化

近年来随着互联网的深入应用,传统零售商业模式受到了网络零售商业模式的严峻挑战(盛亚 等,2010),网络零售以其不受时空限制和商品品类的无限化受到了消费者青睐。2016 年后出现了新零售、智慧零售、无人零售等诸多概念,开启了零售商业模式线上线下融合经营的创新之路。齐严等(2017)指出信息技术发展、零售业技术基础的数字化变革、消费者行为变化、数据资源等是平台经济背景下零售商业模式创新的主要驱动因素。

数字时代零售业呈现无边界化、无间隙化和社会化趋势(齐严 等,2017),整合以零供为代表的多方零售主体的资源、建构价值网络、协同价值共创已成为零售商创新的重要方式。虽然已有文献从不同角度和情景研究了商业模式创新,但以顾客价值为切入点,由单向价值创造向价值共创转换,由价值链创造逻辑向价值网共创逻辑演化,是当前商业模式创新研究的一致看法(Gummesson et al.,2010)。

价值链创造逻辑下的商业模式创新主要以价值单向提供为主,强调对资源的有效控制和获取(Hallen et al.,2014;Jensen et al.,2016),这是传统增长方式中的主要价值创造方式。传统增长方式下，随着竞争加剧，商品资源的单调、匮乏与同质化成为制约企业发展的瓶颈，因此强化商品资源获取能力成为零售商业模式创新的主要方向，具体创新路径如图 4-1 所示。零售商依据渠道优势和采购权力纵向约束供应商，根据市场需求形成差异化的产品方案，引导或要求供应商或制造商生产并提供符合其需求的产品，再通过其所拥有的庞大零售门店网络销售给顾客，实现顾客价值创造和传递（晁钢令，2015）。社会分工下的生产与消费是两个相对独立的过程，两者只是在市场交换中进行交互，因此商业模式创新的目的是提高零售商的价值链管理能力，供应商提供的产品或服务成了价值创造的载体，零售商是实现产品或服务交换价值的市场关键节点，但是这种以产品销售为导向的商业模式创新缺乏与顾客的充分交流与互动，由此造成的市场信息不对称限制了供应商的产品研发、生产、设计能力的提升，在快速变化的互联网情景下难以对顾客形成黏性，且造成了新的同质化竞争。

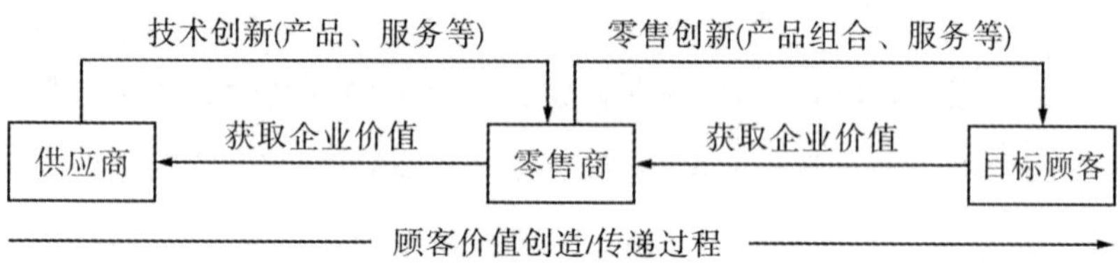

图 4-1 传统增长方式中的单向价值创造过程

图片来源：作者绘制。

随着互联网时代的到来，价值创造逻辑发生了极大的改变，互联网改变了交易结构，延长了交易时间，丰富了交易品类，减少了交易环节，提升了交易效率，实现了人与人、物与物以及人与物的高度互连。价值创造理论由传统的线性价值链思维转变为复杂、动态的价值网络思维，价值网共创逻辑下的商业模式创新主要以价值共创为主，强调资源的双向交互和跨界整合（刘江鹏，2015）。平台商业模式是价值共创的典型代表。

价值共创是价值创造主体通过信息交互和资源整合而共同创造价值的动态过程（Payne et al.，2008）。服务主导视角认为价值是由企业和顾客创造的，价值共创反映着企业与顾客的二元关系（Vargo et al.，2008）。但在平台商业模式中，零售平台上汇聚供应商、消费者、互补者等多方成员，企业个体不再是唯一的价值创造主体，各方成员通过平台连接，零售商与顾客、供应商与顾客、零售商与供应商、零售商与互补者等诸多二元交互关系促使价值网络中众多主体之间共同创造多对多的社会化价值（简兆权 等，2016）。各方成员超越竞争与合作的竞合双重性，生产和消费过程相互融合，不再彼此独立。各方成员应以消费者为中心，在信息交互中共同创造价值（Zheng，2020）。零售商作为平台运营者，不再只是单纯的价值传递和交换角色，而是承担了跨界整合资源、赋能各方成员、给整个网络带来增值效应的功能角色，这种功能角色的转换对零售商业模式由传统增长方式向平台型增长方式的创新提出了新挑战。

综上所述，随着互联网时代的来临，“新零售”“智慧零售”“数字零售”“无人零售”等零售商业模式创新层出不穷，研究的焦点从传统商业环境中通过价值链创造逻辑实现的传统增长方式逐步向通过价值网共创逻辑实现的平台型增长方式转移。在平台型增长的零售商业模式中，销售、采购、配送的关键业务流程要如何革新才能实现顾客价值共创？在顾客价值创造与企业价值获取分离的情况下，企业要如何转变以获取价值才能实现可持续发展？现有研究明显缺乏对上述问题的系统解答，因此从关键业务流程的革新入手，探讨由传统增长向平台型增长的零售商业模式创新的路径、作用机制等具有可操作性的一般理论框架，有助于指导企业顺利适应平台经济的发展趋势，促进经济增长新动能的不断培育。

第三节　基于平台型增长的零售商业模式创新机理

一、零售内涵创新

（一）面向顾客的网络化价值主张

价值主张是价值创造活动的起点，它解释了企业向消费者提供什么样的产品或服务，具体包括目标消费者界定、企业提供的产品服务及其价值描述，是企业对消费者的一种价值承诺。对于零售商业模式创新而言，原有模式无法提供的、新颖而独特的价值主张是新模式的立身之本。零售商提出新颖独特的价值主张，通过选址变化、调整商品品类、创新展示方式、完善服务功能、采用多样化促销的策略，创造更多顾客价值。在平台技术的赋能下，消费者生涯全过程的需求能被充分洞察与挖掘，零售商的价值主张不再仅限于单点的块状价值，而是消费全过程的网络化价值。

（二）零售价值活动系统

有了独特新颖的价值主张，并不代表零售创新能够成功，不代表企业理所当然地能为消费者创造相应的价值，也不代表消费者能从零售创新中获取真正的价值。企业需要进行相应的价值创造活动，才能使价值从主张描述阶段进入实质的提供阶段，这两个阶段之间存在着继起性关系。

企业通过零售商业模式创新提出崭新的价值主张后，以终端运营（销售)、商品经营(采购)与物流仓配(配送)等三大价值活动为代表的零售关键业务流程为源泉,整合企业各种资源,通过对零售要素的重构,实现零售功能创新和商品创新等的价值创造。

1.线上线下多元化终端运营

在传统增长方式中,零售商通过便利性选址、店铺氛围装饰、商品陈列、商品组合以及一系列的促销活动吸引消费者到店购买,实现价值传递,获取销售收入,零售商业空间承担消费者流失的隔离机制。在平台赋能下,零售终端摆脱了单一的门店形态,实体门店、自建网站、小程序、App、直播带货平台等终端形态日趋复杂化,嵌入体验、娱乐、社交等多种功能,零售终端呈现出全渠道、无边界、无间隙等特征(齐严　等,2017)。消费者可以在任意的时间、地点,以任意的方式,随心尽兴地通过如实体店铺、直播带货平台、自媒体平台、小程序链接等一系列丰富多样的渠道,与企业或者其他消费者进行全方位的咨询互动、交流讨论,获得产品体验、情境模拟以及商品购买和服务体验(杜睿云　等,2017)。

随着平台经济的发展,线上线下购物渠道丰富多样,虽然门店不再是价值传递的唯一节点,但门店依然是实体零售商的独特资源,应加以充分利用。通过对门店空间的美学设计,给予消费者良好的购物体验和社交空间,提升商品价值。商业空间的创造能对顾客连接起到相乘作用,例如茑屋书店已脱离单一的售书功能,利用实体空间价值,创新商业模式,成为“书籍＋咖啡＋阅读空间＋社交”的融合体;“盒马鲜生”和“超级物种”实现了“高品质购物＋现场制作服务＋便利送货”的“实体门店＋App”的商业模式创新。零售商的门店网络由实体门店和线上虚拟平台构成,如何充分发挥门店空间价值,开拓多屏连接模式,通过空间打造提升购物过程体验,引流到店,通过线上连接实现顾客闭环管理,成为平台型商业模式中销售环节创新的重要问题。

2.全场景复合型商品经营

在平台型增长方式下,零售商业模式由单向价值创造向网络价值共创转换。传统的买手根据个人经验、个人偏好、销售数据等进行商品采购已经很难适应快速变化的消费需求和平台经济模式。零售商向平台型增长模式转型时,作为平台企业,需要同时吸引供应商和顾客等双边用户,也需要吸引互补者以及跨界供应链嵌入平台,促进平台各方参与者的信息交互和价值共创。

平台经济背景下的商品经营出现了商品跨界组合、线上布局品类与线下重视体验相结合、场景化经营、动态组货等创新趋势。比如阿里巴巴的新零售平台"盒马鲜生"、百联集团的新零售平台"RISO"等蔬果生鲜超市,依托平台技术探索商品跨界组合,线上布局多品类、长尾产品,满足全场景下的消费需求,线下门店融入了餐饮、购物、阅读、艺术、交友甚至美食制作培训等多重体验功能,向顾客现场展示各种可能的生活场景,通过为消费者提供购物之外的体验价值来提升客户满意度,进而增强消费者黏性(杜睿云等,2017)。

在平台技术赋能下,线上线下相互融合的"产品+服务+场景+体验+社交"等复合型的商品经营方式为消费者呈现出一幅"产品个性化、服务精细化、场景多样化、体验内容化"的全新购物图景(杜睿云 等,2017),实现了平台型增长。

3.智慧化物流仓配

物流在各交易主体的购、存、销等业务活动中承担着商品存储与流转的重要职能,无论是在传统零售业还是在新零售生态体系中,都是不可或缺的关键组成部分(杜睿云 等,2017)。

在传统增长方式下,物流配送主要局限于物流中心对门店的配送上,其功能是为了及时补充门店库存,加快店头商品迭代,在降低库存风险和因缺货造成的销售机会流失之间取得平衡。在平台型增长方式下,消费者可以在线上线下的任何渠道下单、提货或送货到家等,物流配送需构建物流中心对门店、物流中心对顾客、物流中心对供应商、门店对顾客等的新型复式配送体系。由于配送主体需求不同,物流配送体系趋向复杂化,比如门店对物流大仓的配送要求一般是基于陈列空间、销售趋势预测和库存周转等要素的综合判断,尽量做到门店不断货、不积压;而对于消费者的购物直达配送,则是要求线上购物与线下体验无缝衔接,物流配送满足消费者个性化、碎片化需求,配送时效要求高。在复杂、多样的配送需求下,零售商应以信息技术系统为基础,扩充自建或第三方物流网点,通过数据技术提高物流的智能化、自动化水平,基于实时数据提高配送效率,提升消费者满意度(韩彩珍等,2018)。虽然自建物流系统会降低边际成本,提高边际效益,但是随之而来的是持续的成本投入,比如京东物流面临长期亏损的窘迫状况。因此,物流配送体系的构建应充分考虑通过平台运营者的连接来充分利用社会化物流系统,整合社会物流资源。

二、零售机制创新

(一)顾客价值创造机制创新——多边主体的价值共创方式

传统的电商平台是在促进双边用户达成交易的基础上,从中获取收益的第三方接入系统(Eisenmann et al.,2006)。有别于传统的电商平台,零售业的平台型商业模式强调价值网络中各方主体的价值共创。零售商与顾客共创价值,与顾客达成直接交易获取收益后,作为平台运营者,同时要促进供应商与顾客的价值共创和直接交易,以及零售商与供应商之间为满足顾客需求的价值共创,等等。随着价值创造方式的改变,零售商、供应商和顾客之间的关系变得更加复杂。零售商、供应商、顾客形成了两两交互的价值共创网络,通过各方的价值共创开发商品、连接商品信息,完成商品采购和商品开发等业务流程。所以,就零售商业模式在价值共创方面的创新而言,要协调平台各参与者的利益并进行资源互补,实现平台价值网络增值。

（二）企业价值分配机制创新——改变企业盈利模式

1.连接红利

在传统增长方式下，零售商通过大量采购，降低商品成本，提高经营效率，通过商品销售价差来获取收益。但是在平台型增长方式下，消费者讲究个性，追求商品独特性，传统的大规模生产无法满足消费需求，加上互联网上无限量的商品种类和极其透明的价格，使得零售商期望通过单纯的商品销售获取收益的盈利模式越来越困难。王琴（2011）提出，面对互联网的免费经济趋势，企业需重构价值网络、拓展新的收入方式才能实现盈利并保证商业模式的稳定性。

相对应地，零售商作为平台运营者，连接供应商、互补者和顾客，通过连接挖掘了消费者深层次的需求，在与消费者互动的过程中为消费者创造了更佳的体验、更高的产品价值，并能满足长尾需求，同时通过连接多方异质性资源，实现资源更有效率的匹配和共享，从而达到平台网络增值，使各方参与者都能获得更多的价值，因此互联网时代商业模式追求的是连接红利（罗珉 等，2015）。

连接红利指的是“企业往往不直接销售产品赚钱，不重点追求产品销售红利，而是把产品当成一个聚合顾客的入口，在与消费者不断地进行价值协同和价值互动的过程中为消费者创造持续的价值，从而获得收益”（罗珉等，2015）。平台型零售商业模式创新要依靠平台上连接的各方参与者，以及各种异质性资源等平台优势来实现，而不是拘泥于单纯的商品销售价差。

2.信息价值

信息价值是大数据资源经过有意义的整理、分析、应用后所体现的价值。杨学成、陶晓波（2015）指出，互联网时代价值共创逻辑并没有真正重视并利用信息这一重要的生产要素，仅仅将信息视为支撑价值创造过程的元素，未尝试利用信息本身创造新的价值。Sviokla 和 Rayport（1995）提出要通过对信息的收集、整理、选择、解析、重组和分配来创造价值。

零售业是大数据应用最广泛的行业之一，但也是大数据应用最难的行业之一。零售业通过现代信息技术收集了大量的会员、商品销售、顾客购物历史、物流、服务等数据，且数据数量保持持续快速增长（李飞 等，2018）。在大数据收集、分析的基础上，零售业逐渐实现消费者数字化、购买行为数字化、商品服务数字化、营销数字化、供应链数字化、决策数字化等，零售大数据成为重要的经营资源。但是零售业的数据来源渠道广、种类多，既有线上渠道也有线下渠道，既有结构化数据也有非结构化数据，如何将这些大数据转化为有价值的信息是企业价值实现的关键。日本 7-Eleven 便利店以导入 POS 信息系统为基础，根据顾客群、时间段、气候变化等实时销售数据，加强门店单品管理，预测商品销售趋势，通过多频次、小批量的物流共同配送系统，不断导入热销商品，淘汰滞销商品，持续调整商品结构，提高商品周转率。同时通过 POS 销售数据的实时分析，与知名厨师、知名品牌商等进行合作，建立跨组织商品开发团队，协同供应商共同开发附加价值高的优质自有品牌产品（郑斌斌，2018），极大地提高了企业竞争力。可见，7-Eleven 便利店通过对大数据的收集、组织、选择、合成和分配，将大数据转化为提高竞争力的有价值的信息。

平台型增长方式下，零售商要重视信息本身的价值，通过各个节点采集的数据经过分析，成为有价值的信息，从而赋能平台上的多边用户，实现平台增值，而如何通过对信息的收集、组织、选择、合成和分配来创造价值是零售商业模式创新中亟须解决的问题。

三、零售数字化动态能力

组织动态能力是商业模式创新的关键推动力量，零售业的动态能力内涵广泛，包括采购能力、销售能力和物流配送能力，并可进一步细分为物流与门店库存保持同步的能力、终端门店管理能力、与供应商协作的能力、门店单品管理能力、跨界合作开发 PB 商品的能力等(Yahagi,2011;郑斌斌,2018)。平台经济背景下,本研究认为零售数字化能力是商业模式创新的新型动态能力,主要包括以下两大部分。

1.大数据运营能力

大数据运营能力是平台经济背景下零售商业模式创新的核心能力。通过平台技术汇聚了零售"人、货、场"的所有数据形成大数据资源,大数据资源的运营方式是影响商业模式创新成效的关键因素。比如通过平台连接,所有消费者的浏览、评论和购物行为可以被记录,企业可以实时收集消费者的相关数据,通过更多的数据维度构建更全面、深入、立体的用户画像,基于"千人千面""一人千面"的智能算法提供会员营销、交易支持、互动体验等解决方案,实现了体验流畅化、购物方式多样化以及营销推送精准化,大大提高了顾客体验价值(姚小涛 等,2022)。在门店运营和商品管理等零售核心业务中全面实现数字化运营:商品陈列位置数字化,规格、结构、成分、特征、技术标准等方面的商品实体数字化,空气、湿度、温度、灯光等方面的卖场管理数字化。全数字化运营可以实现商品陈列智能化、铺货补货自动化以及所有商品空间分布的实时跟踪,极大提升零售效率。以数字化为基础构建供应链系统,实现供应链每一个环节要素和资源的相互识别、实时联通,促进各个环节交互匹配、全程数据实时反馈,驱动实现消费拉动生产和即时物流(王淑翠 等,2020)。

发展大数据运营能力的前提是平台技术系统的构建,海量数据的收集、分析以及加工成有价值的信息都离不开平台技术系统的建立。由于平台技术系统初期投资昂贵,企业需要考虑哪些系统由自己投资,哪些可以利用社会化资源,从而建立全方位的信息系统,赋能平台各方参与者的价值共创(王群,2015)。例如,阿里巴巴集团入股银泰百货,银泰百货接入阿里巴巴集团的平台信息系统,快速实现了商品管理、会员管理、供应链管理等的全面数字化，缩短了信息系统的建设时间，减轻了信息系统的投资负担，提高了经营效率。

2.基于价值共创的业务能力

零售业务流程是指零售商将组织和个人的知识、经验转换成业务操作行为，是对过去经营知识的提炼，是企业动态能力的具体表现（Yahagi，2011；郑斌斌，2018）。平台经济背景下的零售主体本质上不再是单体的零售商，而是一个由众多参与者聚合而成的零售生态圈。相比起传统商业环境，平台经济背景下的商业模式创新中，消费者成为重要的价值共同创造者（Erdem et al.，2016）。平台引导、促进消费者的活跃参与，推动消费者与平台各方参与者的资源交互与深度共创能力，是平台经济背景下的新业务要求（肖静华 等，2015），平台是一个包含消费者和多方利益相关者的共创组织，其价值来自多方参与者之间的资源交互（Ramaswamy et al.，2015）。基于价值共创的业务能力的形成过程不仅仅强调了企业和消费者主体之间的资源交互，还包括与供应商、技术服务商等的多方资源交互。平台要通过充分促进各参与者的资源交互来培养平台动态能力，从而实现商业模式的顺利创新。

第四节　研究结论与启示

平台经济背景下，零售业面临由传统增长方式向平台型增长方式转型的压力，传统增长方式的商业模式所适用的单边市场理论已不能充分解释平台型增长方式下的商业模式创新。本章在分析平台经济背景下零售价值共创演变理论的基础上，结合零售行业特征，提出了为实现平台型增长，零售商业模式创新需改变顾客价值创造方式和企业价值获取方式，以平台技术系统为依托，在对采购—销售—配送的关键业务流程改革上实现价值共创，同时企业要摆脱销售价差的传统盈利思维，通过连接红利和信息价值开拓新的收入源。平台型增长不再是通过自身获取或控制多少资源来实现，而是通过融合社会化资源、供应商资源、互补者资源等来实现。零售商作为平台运营者，需通过平台各参与者的异质性资源的交互，尤其是接入社会化资源来培养动态能力，推动零售商业模式由传统增长向平台型增长创新。本章最后构建了由传统增长方式向平台型增长方式转换的零售商业模式创新机理模型(见图 4-2)，为后续零售平台企业商业模式创新奠定了理论基础。未来需要发掘更多的案例，应用上述理论框架进行分析，从而发现零售商业模式向平台型增长创新的一般规律和内在机制。

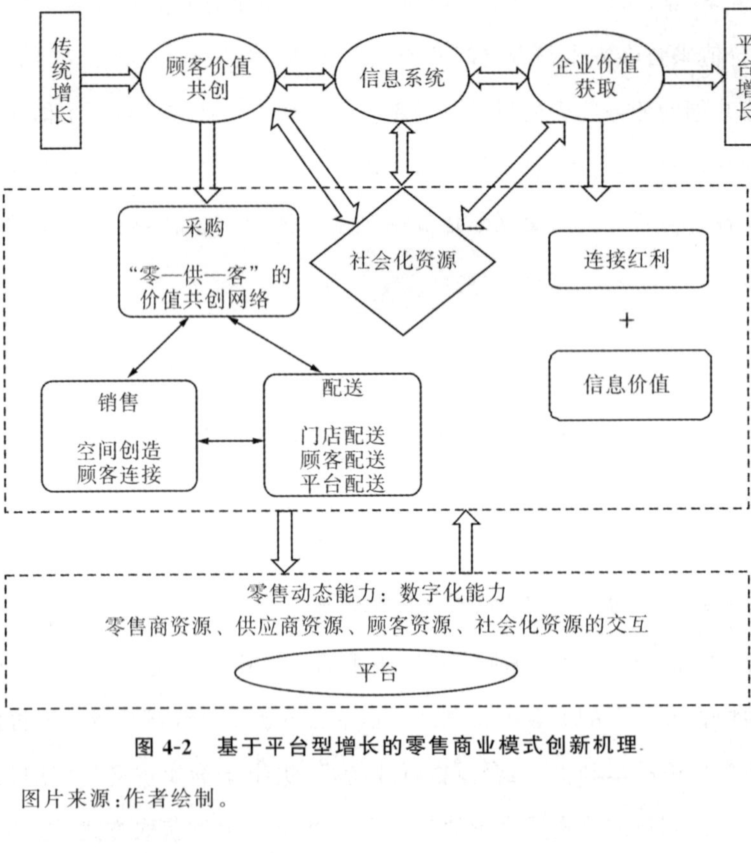

图 4-2 基于平台型增长的零售商业模式创新机理

图片来源：作者绘制。

第五章 平台经济背景下零售时空价值再造机制

零售指的是将商品或服务直接销售给最终消费者的商业活动，其本质功能是弥合供应与需求的时空鸿沟，为消费者获取商品创造时空价值。平台经济背景下数字技术的应用改变了零售活动以及零售要素的编排、组合方式，数据信息及其传送是影响零售生产率高低的关键因素，零售商业模式相应地受到了深远的影响（裴长洪 等，2018），跨时空连接技术从根本上改变了零售的时空价值创造逻辑。因此，从根本上探讨数字平台参与下零售如何为消费者创造跨时空价值，厘清零售商业模式的内在逻辑和价值创造机制，对零售业依托平台赋能进行商业模式创新具有非常重要的理论意义和实践意义。

第一节　消费者的时空消费特征

时间和空间是物质运动的存在形式，它们客观存在于现实世界，不以人的意志为转移。在社会分工和专业化生产背景下，商品的生产与消费、供给与需求、卖与买的关系分离，即商品生产与消费产生时空矛盾（田村正纪，2007）。生产与消费在空间上的矛盾，表现为商品在本地生产但需要运送到相邻、较远乃至更远地区的市场销售。生产和消费在时间上的矛盾表现为有时生产者要出售但消费者的消费需要滞后，有时消费者要购买但生产者却不能实现即期供应。

在社会分工和专业化生产背景下，生产与消费分离，出现了消费地和生产地不一致、消费时点和生产时点不一致的两个基本鸿沟（田村正纪，2007）。基于生产专业化，消费者生活所需的各种产品由多个厂家供应，受到空间距离、交通出行、时间规制、自然环境等多重因素影响，分散居住在各地的消费者不可能去所有厂家购齐生活用品，因此消费者渴望在身边获取所需商品体现了消费空间效用。

物理时间是消费者拥有的不可再生的稀缺性资源。每个消费者的行为包括通勤、学习、工作、家庭生活、休息、娱乐社交等，均受限在一天 24 个小时的时间范围内，人们只能按照线性规制，以一次做一件事、执行一次任务的方式有次序地进行（Berry，1979）。同理，消费者只能在有限的闲暇时间购物。

消费空间分散化和消费时间有限性构成了商业社会的基本消费结构特点。消费者从市场上购买各种生活用品以维持生活必需的物资需求，对其来说，用于搜寻、交易、位移的购物时间增加意味着购物成本的增加和顾客价值的流失，消费者为购物付出的时间越多，位移的空间距离越远，其感知价值会随之降低。同时，消费者的消费需求会随着时间的变化而变化，可能变得不再需要提前购置商品。为降低消费的时间机会成本，在消费市场分散化和消费时间有限性的商业社会中，消费者总是希望临近真实消费时点，从而最大化消费效用。尤其在重大疫情等突发公共卫生事件中，消费者外出采购明显减少，此时更需要打破时空阻隔，便捷地获取商品，以此保障生活。

第二节　传统零售的时空价值创造机制：商品流

田村正纪(2007)指出零售创新的本质是一个不断克服时间和空间的约束,促进商品从生产端转移到消费端的价值创造过程。商品是价值实现载体,零售商如何克服时空约束,有效地传递商品,满足消费需要,是零售时空价值创造的核心问题。由于消费者的位移空间有限,在特定空间、特定时刻服务有限的人群成为传统零售最为典型的时空约束特点的表现。物理时空的重要特征是空间到场硬约束与固定时间规制硬约束,要求买卖双方在规定时间以及到现实空间才能完成交易(刘向东 等,2019)。传统零售时空价值创造机制的核心在于,靠近消费市场选址开店,以先买后卖的采购模式,组织商品货源,将人、货、场纳入同一物理时空内,以"商品流"唤醒商圈消费者需求,满足消费者临期消费、临近消费的消费诉求。

一、传统零售时空价值创造的逻辑基础

(一)零售空间价值创造

零售空间约束隐含两个层面的意思:一是消费者与商店之间存在绝对空间距离,营业场所的固化致使到店的消费者数量有限,即"空间长尾"(Bell et al.,2012);二是实体商店内部空间有限,商店所能够陈列的商品品类、数量有限。

在消费者空间到场硬约束的情况下,零售商主要通过扩大单店规模和

增加门店网点两种方式来靠近消费者。第一是扩大单店规模，覆盖广泛的商圈消费者，比如百货店业态、超市业态等大型业态，卖场空间大，商品品类齐全，能为消费者提供一站式购物的时空便利价值。第二是限制门店面积，覆盖小商圈，通过增加门店网点来扩大市场覆盖范围，比如便利店、社区生鲜店等小型业态的单店面积虽然小，但其门店数量多，极大地缩短了消费者购物的空间距离，节约其到店购物时间（郑斌斌，2018）。

由于单个店铺能够有效吸引消费者来店的空间范围有限，以及门店的商品陈列空间有限，零售商仅能有效集约商圈头部消费者的需求。在商品陈列空间的限制下，零售商不是无限量地扩大商品品类，而是基于核心顾客价值主张，自限商品品类，及时淘汰滞销商品，为导入新产品出清陈列空间，优化商品结构。同时由于商品经营范围广，门店陈列空间有限，仅能容纳最低库存量，故传统零售致力于门店无仓化处理，通过建立小批量多频次的物流配送系统，弥补门店空间限制（郑斌斌，2018），实现空间效用最大化。

（二）零售时间价值创造

零售时间约束包含了门店固化的营业时间限制了消费者获取商品的时长和购物便利性（冯华　等，2016），以及消费需求随着时间变化而变化的动态需求（高嶋克義，1999）。在传统零售情境中，消费者商品获取时长受到固定时间规制，消费者必须在商店营业时间内才能购买并获取商品。为突破固定时间规制硬约束，以便利店为代表的传统零售业态将营业时间延长到24小时的时间极限，为消费者提供随时购买的便利（马伟伟　等，2019），但是在消费过程中消费者仍然必须消耗相应单位的时间成本来实现空间位移。

消费者的真实需求随着时间的变化而变化。传统零售商根据客情反馈、市场试错和销售经验积累来预判消费需求，据此向供应商采购进货再分销出售，满足消费者的动态需求。由于消费者与产品设计、生产、销售的完全或部分分离(李海舰 等,2014),这种“先买后卖”的商品经营模式在需求大致稳定时,能够保证供需大致匹配,从而控制市场试错成本并获取规模经济效应,但随着需求多样化和产品生命周期缩短,其市场误配成本明显升高(谢莉娟 等,2019)。

由上可知,传统零售靠近消费市场选址,通过扩大门店规模、加强门店网点建设,从而减小消费者的空间位移。临近消费市场开店是实现时空价值的手段,目的是让消费者在临近地点能以合适的价格购买到所需商品,是零售时空价值的真正体现。

在生产与消费分离的社会分工体系下,基于知识分散与信息不对称,消费者要寻找到合适的商品需要付出相应的时间、空间移动等搜索成本,相对应地,厂商要在分散空间中寻找潜在消费者也需要付出相应的搜索成本(Caston et al.,2010)。如图 5-1 所示,“商品流”是传统零售商为消费者创造时空价值的逻辑基础。传统零售商通过专业化优势,以“先买后卖”的采购模式,组织商品货源,在临近消费市场开店的空间效用下,将人、货、场纳入同一

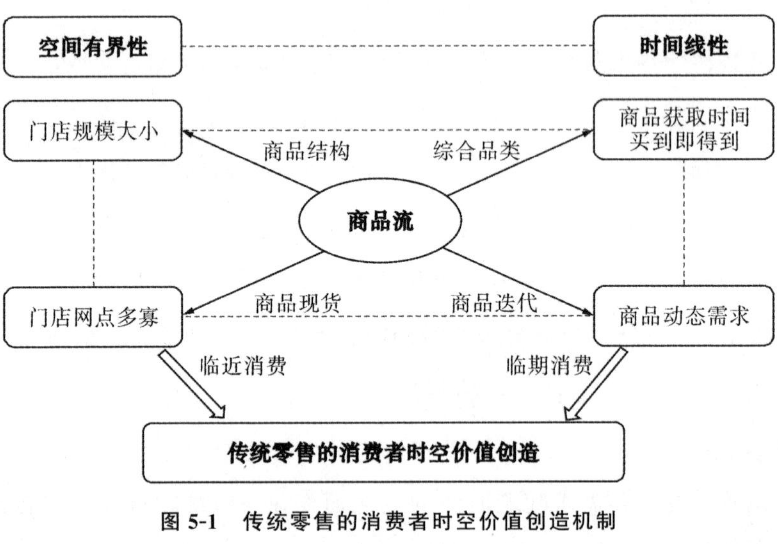

图 5-1 传统零售的消费者时空价值创造机制

图片来源:作者绘制。

物理时空，以现货库存的“商品流”形式解决产销之间的时空阻隔，并且通过不断调整商品品类、商品持续迭代等方式，满足消费者的动态消费需求，最大化消费者的时空效用。传统零售商通过备货多样性的“商品流”节约生产端和消费端双边搜索成本，进而降低商品终端价格，在促进消费增多的同时引导社会再生产，实现供需有效对接，零售时空价值的创造得以实现。

二、传统零售时空价值创造的瓶颈

（一）空间有限扩张致其效用无法释放

传统零售通过密集开店和延长营业时间快速消除与消费者之间的时空鸿沟，从理论上看，零售越能靠近终端市场，越能实现更多交易。然而在实践中，传统零售的空间扩张受到了流通费用和空间竞食效应的双重约束，零售商不可能无限制地开设门店。

如图 5-2 所示，第一，门店数量增多，虽会降低消费者搜索成本的离散

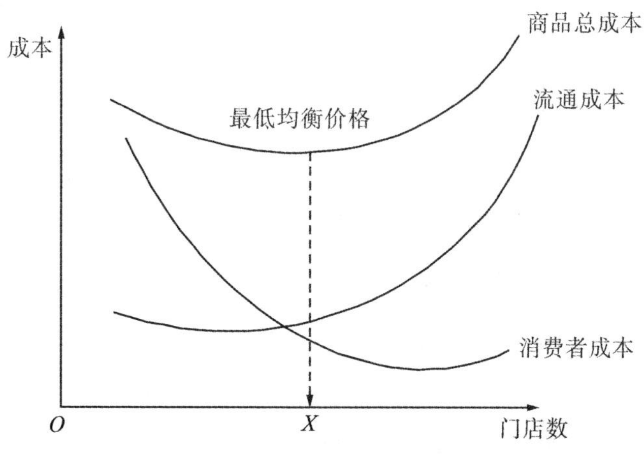

图 5-2　商品成本与门店数

图片来源：田村正纪（2007），第 36 页。

程度,节约消费者到店购物的时空成本,但会增加零售商店铺租金成本,以及商品包装、分拣和配送等其他流通费用(高嶋克義,2008)。门店数越多,商品存货流量越大,库存成本越高,运营压力越大。相反,门店数量少,虽节省了厂商、零售商的流通服务费用,但是由于购物距离远,增加了消费者购物所花的时间,给其带来不便。因此,门店扩张需综合考虑厂商、零售商和消费者的各种费用,达到供需双方费用成本平衡点。

第二,零售商在空间中的门店分布会受到空间竞食效应的制衡(Aguirregabiria et al.,2016),门店数过多摊薄有效需求人数,容易推高商品滞销与资源浪费等流通成本,当流通成本高于规模采购节约的成本,成本叠加推高终端零售价格,反而增加了消费者的购物成本,损害消费效用,在流通成本和消费效用调和的商品总成本下,最优门店数会收敛在最低均衡价格的“X”处。而刚性的物理时空又限制了零售资源自由、快速的全域性配置,高库存的“商品流”使企业陷入经营危机,损伤了企业经营的可持续性。

(二)商品供需延时,误配风险增加

消费者的真实需求随着时间的变化而变化,传统零售根据商情反馈、市场试错和销售经验积累来预判消费需求,据此向供应商采购进货再分销出售,满足消费者的动态需求。这种“先买后卖”的商品采购模式在需求同质、稳定时,能够保证供需大致匹配,从而控制市场试错成本并获取规模经济效应。但随着需求多样化和产品生命周期缩短,生产与消费需求弹性变化之间的匹配存在时差,导致市场误配成本明显升高(谢莉娟 等,2019),使得消费体验获取效用难以最大化。

在物理时空的有界约束下,以“商品流”为基础的零售时空价值呈现了有限创造的特征,即在价格调整供需平衡下,空间门店数收敛在最低均衡价格水平,理论上所有门店恰好能够覆盖市场空间中大部分消费者,形成了流通成本与消费效用的平衡。然而在实践中,在流通成本的制约下,零售商往

往选择客流充裕的地段开店，忽略空间长尾部分的消费者。这种空间有限扩张并未真正覆盖有效人群，当突发重大疫情等公共卫生事件时，其空间效用无法充分释放。同时，传统生产与消费的延时匹配模式使得供需误配风险提升，传统物理时空价值创造机制的刚性突显，无法适应新环境下的时空特征。

第三节　平台经济背景下零售时空价值创造：信息流

一、平台经济的时空特征

（一）信息流转换时空选择

在平台经济情境中，每个消费主体都是信息源，数字化技术手段可以实时刻录几乎所有存在物的痕迹。零售中的人、货、场通过数字化技术转化为"信息流"，"信息流"替代"商品流"，成为数字化零售的产品、服务或资产（张永林，2014）。"信息流"存储着所有节点的数据，起到了时空转换的调节器作用，在网络时空中行为主体可以在任意时间随机复制和利用信息资源及所需要的服务，把此时不做的事情放在其他时间去做；或者把同一时间"复制"为多个不同时间，多人可以同时交易、工作或联系；也可以在同一时间做不同事情，比如一个人晚上下班后一边坐地铁一边下单购买晚餐食材，这个人所购买的商品可以根据其到家的时间由配送员送货上门。"信息流"给人们提供了时间和空间选择的灵活性，时间成为可复制的。

可见，在平台数字化技术的驱动下，“信息流”起到转换时空选择的功能：在横向上为消费者节约时间，即从量上增加了时间价值；在纵向上为消费者复制时间，即从质上增加了时间自由度。总之，“信息流”增加了消费者的时空效用（张永林，2014）。

（二）空间可分性

作为连接不同空间群体的中介技术，平台为刚性的物理空间与弹性的网络空间的融合和贯通搭建了“时空隧道”，将曾经相互割裂的线上和线下有机地整合到一起，交易空间无限延伸，交易过程可通过数字平台完成，不受现实空间到场的硬约束，用户的交易空间和企业的交易空间不再需要一致（陈亚琦，2015），可以各自分开，消费主体可以任意进行个人效用价值最大化的空间交易组合。

空间可分性帮助零售实现了跨地域连接用户，用户规模不断扩大，产生时空规模经济效应。数字平台容量越大，其时空规模就越大，所产生的单位时间成本和货币成本就越小，对买卖双方来说节约时间的价值就越大，提高了社会的整体经济运行效率和福利水平。

（三）全链路时间节点集

在数字平台经济情境中，交易过程被分散为不同的间断性时点，块状时间变为碎片时间，原本相对固化、连续的交易时间集合变成了离散时点集，消费者的交易时间域与零售商的交易时间域不再需要一致，时间完全异步（陈亚琦，2015）。消费者可在任意时点与零售商顺利完成交易，然后在其他时点去做其他事，不必再拘泥于特定时间域。时间作为稀缺资源，在网络空间得以延伸，实现了价值增值。

（四）消费需求新特征：长尾化与瞬时化

数字化技术实现了空间的可分性和时间的可复制性，为消费者提供了随时随地购物的可能性。随着时空重构，消费需求由同一时间段内的同质化需求演化成同一时间段内不同场景的个性化需求（李海舰 等，2014）。过去厂商为了追求规模经济效应，生产同质化产品，消费者选择范围小，需求受到压抑。现在，数字化技术汇聚的信息流唤醒了厂商深度开发小众产品的可能性，消费者倾向于选择符合自己个性的小众商品，海量的消费者使小众产品的生产者得以实现规模经济，具备生产可能性，从而使得数字经济时代消费者的需求时间变化呈现出长尾需求显性化（谢莉娟 等，2019）。

平台经济时代消费者的权利地位得以改变，消费者通过平台连接形成社群，对市场选择的权利逐步增强，人人都是自媒体，信息可以"零时间瞬连"到任何个体，社群中信息出现"病毒式"传播，需求信息快速汇聚，且容易被下一个消费热点的病毒式传播覆盖，所以消费需求转瞬即逝，需求的时间窗口短暂（罗珉 等，2015）。在数字化情境中，消费者在能够随时随地消费的基础上，个性化需求被充分释放，呈现出长尾化和瞬时化的消费时空特征。

二、平台经济背景下零售时空价值再造机制

（一）从"商品流"到"信息流"的时空价值创造逻辑演变

"商品流"是传统零售时空价值创造的基础逻辑，传统零售商备齐商品后，通过门店陈列展示和营销手段吸引消费者到店购买，满足消费者临期消费、临近消费的需求。零售商的商品采购进货是基于市场经验和销售数据预测进行的，以商品现货的形式出现后，消费效用固化在商品中。由于物理

空间的有界阻隔，传统零售只能在有限的物理空间（商圈）内将“正确的商品”与“正确的消费者”之间匹配。当需求较为稳定时，供需大致匹配，“商品流”发挥规模经济效益，但是当市场高度动荡、消费需求变化快速时，固化在实体商品中的效用一旦偏离消费需求，以打折、满减等价格手段来协调供需的效果极其有限（陈明亮 等，2018），且受制于商品位移的空间成本，商品很难与不同物理空间内的消费者进行匹配，容易出现结构性过剩或不足。

在数字平台情境中，消费者不再受到在固定的营业时间内到固定的营业场所购物的物理时空硬约束，可随时随地购物，并希望商品的“位移”在预期消费时间内完成。人、货、场均可通过数字化技术由实物转换成“信息流”，在数字虚拟时空中商品信息和消费信息以极低的成本进行跨时空匹配，且供需匹配可前置到消费者搜索阶段和生产准备阶段，提高了供需匹配精准度。数字化技术实现的万物互联使各种信息充分显现、交换和快速处理，极大保证了规模生产和反应速度的兼容，从而实现消费效用最大化。

“商品流”固化了所能提供的消费效用，越来越难以适配高度动荡的消费市场，成为时空价值创造的桎梏。而“信息流”能跨时空自由匹配供需两端，深度挖掘隐性消费需求，通过数据交互方式协调更为庞大的消费人群网络和更为庞大的供应网络，成了数字化零售时空价值再造的逻辑起点。

（二）构建虚实互通的数字商业基础

从“商品流”到“信息流”的转变，改变了零售时空价值创造的根本逻辑，以“信息流”为起点设计价值创造机制顺理成章。而创造“信息流”的前提是要构建虚实互通的数字商业基础，将人、货、场通过连接聚合的方式形成“信息流”，使其成为时空价值创造的源泉。

虚实互通的数字商业基础涵盖了人与人（社交平台）、物与物（物联网平台)以及人与物(大数据平台)的人、货、场的全面连接。零售商通过"门店＋App"形式,引导顾客下载、注册和应用,从线上线下实现与消费者的连接,从而获取人的信息。零售商导入智能技术实现门店设备、商品、物流等物与物的连接,构建智能物联网,获取"货"的信息。零售商通过数字平台打造,打通移动互联网和智能物联网,实现人和物的互联互通,获取"场"的信息。以"互联网＋实体门店"的商业模式融合线上线下的所有行为、商品、流程、供应链等,打造产生"信息流"的商业基础,为时空价值创造提供条件。

(三)店仓一体化的空间分布价值创造

数字化技术改变了消费者的虚拟空间分布,"门店＋App"拉低消费者的空间位移成本,完全突破了空间距离的硬约束,消费者可以在家附近购买、获取商品或者在手边就能通过 App 实现购买,为消费者带来了极致的空间便利。传统零售靠近市场开店的空间模式在数字化情境下为消费者节约搜索成本的边际效用不断递减,传统的好地段已然不能成为客流的隔离机制,这也是近年来实体零售过度扩张陷入增长困境的重要原因(刘向东等,2019)。但是商品的位移速度成为数字化零售的空间约束新条件,商品的位移如果不能在预期消费时间内完成,反而会造成时间价值损耗,在一定程度上降低消费者对交易平台或服务的需求。数字化情境下,空间效用已从节约消费者搜索成本转移到节约商品位移成本,基于空间可分性连接更多消费者,零售商开店并不必然以客流量为主要衡量标准,而是从整体空间分布来进行选址决策,这在一定程度上能够减轻店铺租金压力,为消费者带来价格福利。

零售商以"信息流"作为决策依据,通过大数据分析优化门店和仓库布局,设置前置仓,打造"店仓一体化"的空间分布,通过到店、到家等多样化的商品获取方式,节约商品位移时间,实现消费者的时空价值创新。在实践中,以盒马鲜生、美团买菜、每日优鲜等为代表的新零售商,为消费者提供以门店为核心的"3 公里范围内 30 分钟送达"的即时配送到家服务,极致缩短了商品获取时间(刘向东 等,2019)。

(四)消费全链路的时间价值创造

传统零售对时间价值的创造主要聚焦在时间节约等核心价值的创造。比如超市业态通过大型卖场为消费者创造"一站式购物"的家庭生活需求,节约双职工家庭的购物时间。便利店业态通过 24 小时极限营业,满足城市单身消费者的即时消费需求。数字化情境中,万物互联产生大量节点信息,映射到消费者购物全过程、零售行为全过程,消费者的购物全过程可视为各个节点连接而成的数据链条,每个节点都是一个价值创造单位,零售时空价值创造思维需由核心价值创造向由节点汇聚而成的价值网络创造转变(罗珉 等,2015)。比如便利店业态可由原先提供的即时消费的核心便利价值分割成基于搜索便利、购买便利、消费便利、商品获取便利等各个节点组成的价值网络。消费全过程的价值网络创造产生了新的价格机制,价格功能不单单只用于对商品现货进行供需协调,由于每一个节点可以传递、提炼和整合生产者与消费者之间的供需信息,价格协调贯穿于整个价值网络,驱动供需平衡接近理想状态,从而更为精准地制定价格。数字化零售应依托平台"信息流",挖掘各个信息节点的时空价值创造单元,优化企业业务流程,不但从横向上节约消费者的时间资源,而且从纵向上复制时间,为消费者提供时间叠加价值和价格便利。

(五)建立分布式产品采购小组制,满足长尾市场和瞬时需求

为平衡陈列空间有限性和消费需求变化无限性,在规模经济驱动下,传统零售仅能基于长期的采购经验和消费者的实际购买数据来预测头部消费者的需求,将偏好太过分散的长尾产品砍掉,不断出清陈列空间,长尾需求

被忽略（谢莉娟　等，2019）。在平台经济情境中，消费者需求出现了长尾化、瞬时化特征，而满足消费者的长尾时间价值和瞬时时间价值关键在于企业能够低成本提供尽可能多的产品，并且用户能够快速准确地搜寻到所需商品。传统零售中由商品部门负责采购进货的集中式采购方式，由于采购品种有限、采购过程缓慢，越来越不能适应消费者个性化的时间变化需求。企业应用直接面向消费者的分布式采购逐步替代集中式采购方式，即成立多支产品采购小组，产品采购小组根据消费者需求变化灵活、主动、自觉地研究市场、开发新产品与采购新产品，企业利用本身的信息优势为各个产品采购小组提供决策支持，弥补产品采购小组的信息功能缺陷，赋能各产品采购小组试错、纠偏、优化，以此来满足消费者的长尾需求和瞬时需求。图 5-3 揭示了平台经济背景下数字化时空概念下的零售时空价值再造机制。

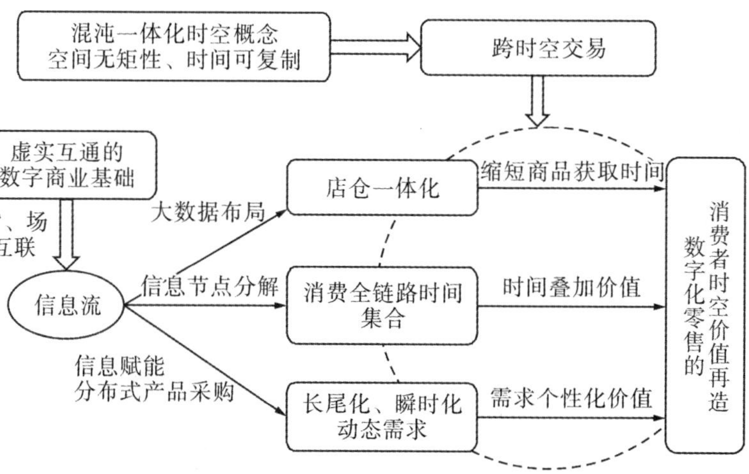

图 5-3　平台经济背景下零售的时空价值再造机制

图片来源：作者绘制。

第四节 研究结论与建议

零售创新过程是突破时间和空间双重约束的过程，在新冠肺炎疫情的考验下，零售商更需思考如何为消费者创造跨时空价值，实现在任何突变环境下都能有效覆盖目标人群。担当国家重大灾难救治的基础建设者，是今后零售创新发展的重要使命，据此本章分析了以“信息流”为起点的跨时空价值再造机制，并提出以下建议。

一、构建数字平台是零售时空价值创造的新基建

企业应充分运用现代数字技术，将人、货、场全面连接，构建线上线下虚实互通的数字化商业基础，获取源源不断的信息流。再运用大数据管理，持续更新用户标签，描绘消费者画像，推算消费偏好，深耕数字化商圈需求，构筑竞争优势。但是数字化商圈构建需要庞大的资金投入，涉及企业自身持续的投入能力。本章建议通过开放式创新方式，与数据原生企业合作，通过资源交互跨界获取多维数据，建立数字平台，完善数据处理系统，加快智能算法研发，对结构化以及非结构化的数据进行规范化处理，使原先隐蔽、复杂的真实需求易于获取和显现，从而形成丰富和高质量的信息流，为各个部门提供决策支持。

二、创新营销方式契合时间价值网络

零售时间价值体现在时间节约、时间复制和时间自由支配等全域性效

用上,企业应深度挖掘消费全过程中价值创造的可能节点,制定系统性消费者连接策略,创新销售方式,以极速外卖外送、预售拼购、导购直播等方式汇集碎片化、随机性需求,设定动态价格,驱动价值网络中供需动态匹配。通过业务流程再造,简化购物程序,人性化购物过程,优化商品获取方式,为消费者提供商品获取的时间便利、购物过程的时间便利等叠加价值。同时,通过合伙人制度,引入社会化商品采购小组,依托信息流为各商品采购小组提供资源支持,构建敏捷的供应链,灵活、快速地满足消费者时间变化的动态需求。

三、构建店仓群优化商品空间位移

平台经济背景下,企业应以消费者的空间效用出发,改变单店营收最大化的传统客流思维,通过店仓一体化的门店群布置,创新到店、到家以及门店之间相互调配的多样化商品获取方式,缩短商品位移时间,最大化消费空间效用。针对线下实体门店陈列空间有限、新增商品展示成本高昂,而线上虚拟货架具有无限陈列的特征,利用线下门店陈列刚需高频的商品或者增设体验服务,而将线上作为商品池,收纳滞销、小众、冷门的长尾商品,合理协调线上线下空间,提高商品展示效用,以满足新时代消费者的长尾化和瞬时化需求。

在平台经济时代,传统零售以"商品流"为底层逻辑的时空价值创造机制延后效应突显,固化在商品中的消费效用越来越不能满足消费者个性化、长尾化、瞬时化等高度动态变化的消费新特征。"信息流"成为零售时空价值再造起点,零售商应基于"信息流"不断提升各种资源在时间节约和空间优化配置效率上的一切创新活动与组织安排,缩短每个零售环节的运行时间并加速资源流通,提高企业经营效率,由此充分释放时间价值与空间效用。零售时空价值创造的逻辑变化为零售商数字化转型提供了重要的启发和警醒,零售业要加速重构适应数字化时空特征的商业模式,提升市场竞争力,实现零售高质量发展。

实践篇

第六章 新中国流通业发展特征与零售数字化创新转型[①]

① 本章第一、二、四节内容主要引用本书作者与依绍华已公开发表的论文:依绍华,郑斌斌.中国流通业发展阶段特征与未来趋势[J].首都经济贸易大学学报,2020,22(4):48-61.

马克思在《资本论》中将社会再生产过程分为生产、交换(流通)、分配和消费四个环节,其中流通作为生产和消费的中间环节,承担着商品从生产领域到消费领域的"惊险一跃"职能[①],将商品由物质转化为货币,使商品价值得以在消费环节实现,同时使商品生产者收回投资,并使再生产成为可能,因此流通是产品从生产者到消费者的社会性和经济性的运动过程,在社会再生产过程中发挥着承前启后的作用,直接关系到社会再生产的顺利进行(纪宝成 等,2017)。流通业是以商品流通为核心的经济活动产业,包括零售、批发、物流等行业,对组织生产和引导消费具有不可替代的作用(依绍华 等,2018)。新中国成立以来,我国流通业规模由小到大,产业地位由末端到先导,流通方式由单一到多元,新业态新模式不断涌现,流通产业体系逐渐完善,在满足人民美好生活需要的过程中发挥着基础性作用,并成为强大国内市场的重要组成部分(依绍华,2019)。

平台经济作为近30年发展起来的新经济形态,是我国数字经济的重要组成部分。零售业是流通业的核心组成部分,平台经济背景下的零售商业模式创新并非无中生有、一蹴而就的创新,一定是在继承和延续既有流通发展范式的基础上创造新范式的过程。基于以上理解,本章重点综述新中国流通业发展以及平台经济背景下零售数字化创新转型的实践历程。掌握我国流通业的发展脉络,有助于理解与平台经济相匹配并根植于我国流通基本制度基础之上的独特的零售商业模式创新实践与创新概念。

---

① 马克思,恩格斯.马克思恩格斯文集:第5卷[M].北京:人民出版社,2009:127.

第一节 流通业发展阶段特征

以我国经济发展进程为基础，结合流通业自身发展脉络，本章将新中国成立70多年以来流通业的发展历程划分为四个阶段：新中国成立后的发育期、改革开放后的摸索发展期、入世后的快速发展期和党的十八大后的全面提升期。

一、发育期：1949年新中国成立后至改革开放前

新中国成立后，借鉴苏联社会主义建设模式，围绕经济发展总体要求，中央人民政府出台一系列流通政策，逐步建立符合社会主义计划经济体制要求的流通体系。这一时期主要分为三个阶段：

（一）国民经济恢复期（1949—1952年）

在新中国成立初期，面对商品严重匮乏、投机活动盛行的局面，当时的中央人民政府贸易部于1950年11月出台《关于取缔投机商业的几项指示》，其中包括：对超范围经营、不在规定市场交易、囤积居奇、买空卖空等投机商业行为予以取缔；由国有贸易机构控制大量商品，限制私营商业经营范围，以稳定物价；同时，在管理过严时，适当放松对私营商业的限制，以增加市场活力。这一时期，流通政策目标集中在稳定经济、打击投机等不法商业行为，为恢复建设服务（夏春玉，2013）。

在政策引导下，以农村供销合作社和百货店为核心的国有流通主体体系逐步形成：1950年7月中华全国合作社联合总社成立（杨德寿，1986），承

担国家计划产品的购销任务，供应农业生产和生活资料，促进农村商品流通（江淮，1963）；1950年4月中国百货公司成立，作为城市商品流通的主要渠道，在稳定全国物价、保障生活必需品供给方面发挥重要作用（马军，2016）。

（二）社会主义改造时期（1953—1957年）

从1953年开始，我国进入社会主义改造时期。根据过渡时期总路线，流通政策目标聚焦在逐步取消私营商业上，保障供给（罗宪祯，1991）。通过批购、经销、代销、国有化等措施，将私人零售业纳入国有商业和公有商业系统，到1956年“三大改造”完成时，我国公私合营的百货商店已达到2803家，国有、公有商业已占社会商品批发总额的82%，私营商业仅占0.1%（马军，2016），基本实现以公有商业为核心的流通体系。

（三）社会主义计划经济时期（1958—1978年）

社会主义改造完成后，我国计划经济体制逐渐形成，流通业实行统购统销政策，工业生产资料以统配部管为主，农副产品以统购派购为主，消费品实行中央和地方分层次调拨分配，由生产企业经过一级批发站（中央级）—二级批发站（省级）—三级批发站（县级）—零售商店的层层调拨，按照固定供应区域、固定供应对象、固定倒扣率的“三固定”原则，层层分配商品（路红艳，2019），包括粮食、棉花、棉布、食用油、猪肉、麻酱、豆制品等绝大部分商品实行凭证定量供应（徐从才，2006），至此单一的国有商业体系全面形成。

在新中国成立后的30年里，流通业逐步形成计划型流通体制，主要阶段特征如下：(1)政府规范市场运行，打破新中国成立前的商业垄断组织（夏春玉，2013），逐步改造私人商业，打击投机活动，稳定物价，建立以农村供销合作社和百货公司两大零售业态为主的国有商业体系；(2)形成计划型纵向一体化流通结构，以统购包销、统购统销、统负盈亏的方式，按行政区域组织调拨，按隶属关系分配商品，用指令性计划保障军需和民用物资需求，使大多数人维持基本的温饱生活；(3)流通渠道单一，销售网点少，导致流转效率低下，买难卖难日益严重，供给和需求之间无法达到有效匹配，制约了商品经济的发展（王瑜，1984）。

二、探索发展期：改革开放后至加入 WTO 前

1978 年 12 月，党的十一届三中全会召开，开启了改革开放历史新时期，以邓小平同志为核心的党的第二代中央领导集体决定把党的工作重点转移到经济建设上来，实行对内改革、对外开放政策，开启建设中国特色社会主义的新探索。这一时期分为两个阶段：

（一）有计划的商品经济时期（1978—1992 年）

1984 年，党的十二届三中全会通过《中共中央关于经济体制改革的决定》，提出改革的基本任务是建立有中国特色的社会主义经济体制，明确认识社会主义计划经济是有计划的商品经济。根据这一方针，流通体制改革的目标，是把原有按行政区划、行政层次统一收购和供应商品的流通体制，改变为开放式、多渠道、少环节的流通体制，调整流通企业所有制结构，发展社会主义统一市场（黄国雄，1999）。主要内容包括：

第一，恢复和发展农村集市贸易（马永辉，2005），调整和改革农副产品购销体制、日用工业品价格、购销和批发体制。1983 年 2 月，国务院批转《国家体改委、商业部关于改革农村商品流通体制若干问题的试行规定》，打破批发商业长期实行的“三固定”批发体系，实行开放式经营。有计划地在主要产地、集散地、销地建设起一大批具有多种功能的商品批发市场，以义乌小商品城为代表的批发市场在全国迅速兴起，成为日用消费品重要的乃至最主要的流通渠道（黄子璎 等，2000）。

第二，对国营商业进行产权改革，全面实行政企分开（余鑫炎，1993）。

在商业管理体制方面简政放权，进一步改革商品管理体制，实行经营权和所有权分离。对大中型国有商业企业实行股份制改造，建立现代企业制度，1984 年北京天桥百货股份有限公司宣告成立并公开发行股票 300 万元，成为全国第一家股份制试点单位(李家祥 等，1999)。

第三，扩大市场调节范围，取消日用工业品指令性计划以及农副产品的统购、派购制度等，构建以市场为导向的商品流通体系。到 1985 年，流通业已基本实现"多种经济成分，多条流通渠道，多种经营方式，减少流转环节"(简称"三多一少")的产业结构(张井，1999)。

(二)社会主义市场经济体制初步建立时期(1992—2001 年)

随着改革开放的逐步深入，1992 年，党的十四大提出建立社会主义市场经济体制。根据改革目标，流通业逐步对外开放。1992 年国务院首次批准在沿海开放城市试点设立 15 家中外合资零售商，引进现代流通企业运营模式和管理经验(钟慧中，1998)，开启我国流通企业向现代化的转型升级之路。在此过程中，政府部门出台一系列政策、措施和规划，推动国有流通企业股份制改革，非公有制商业进一步得到发展，市场规模快速扩大。全国年销售额超过亿元的百货商店从 1986 年的 15 家跃升到 1995 年的 624 家，百货业发展进入黄金时代(马军，2016)。这一阶段政府重点规范流通秩序，促进流通业对外开放和流通现代化发展。

自 1978 年改革开放后到 2001 年"入世"之前这一时期，中国的流通体制改革伴随着经济体制改革而展开，产业发展方式发生巨大变化，由单一国有流通体系向多种经济成分并存转变，市场活力不断增强，商业网点迅速增加，市场商品供应显著完善，居民衣食等"买难"状况得到改善，基本形成多元化竞争的市场流通体系，流通企业迎来空前繁荣的发展时期。

这段时期的主要特征表现为：(1)以政策导向替代行政指令，采取"改、转、租、卖"等方式实现流通主体多元化(郭国荣，2000)，拓展多种流通渠道，构建多种流通方式运行体系;(2)根据城乡二元结构特征,以不同方式促进商品流通发展,农村地区重在发展由个体经营主体构成的批发市场,城市则重在建立现代企业制度;(3)打破地区分割,释放市场活力,以市场为导向促进流通要素自由移动,逐步建立全国统一的市场;(4)主动进行对外开放试点,在可控范围内向外开放市场,引进国外企业及先进的流通经营管理模式,促进国内流通企业向现代企业制度转型升级。

探索发展期国家相关部门出台的流通发展的相关政策文件如表 6-1 所示。

表 6-1　探索发展期中国流通业发展相关政策文件

发文时间	发文机关	文件名称
1981 年 7 月	中华人民共和国国务院	《关于城镇非农业个体经济若干政策性规定》
1983 年 2 月	中华人民共和国国家经济体制改革委员会和中华人民共和国商业部联合制定,国务院批转	《关于改革农村商品流通体制若干问题的试行规定》
1983 年 3 月	中共中央、国务院	《关于发展城乡零售商业、服务业的指示》
1983 年 4 月	中华人民共和国国务院	《关于城镇集体所有制经济若干政策问题的暂行规定》
1984 年 7 月	中华人民共和国商业部制定,中华人民共和国国务院批转	《关于当前城市商业体制改革若干问题的报告》
1992 年 7 月	中华人民共和国国务院	《国务院关于商业零售领域利用外资问题的批复》
1999 年 6 月	中华人民共和国国家经济贸易委员会、中华人民共和国对外贸易经济合作部	《外商投资商业企业试点办法》

资料来源:作者整理。

三、快速发展期:加入 WTO 至党的十八大之前

2001 年 12 月 11 日,我国正式成为 WTO 成员。根据"入世"承诺,我国将逐步消除壁垒,扩大流通业的对外开放,并于 2004 年 12 月 31 日全面对外开放。2003 年,中华人民共和国商务部成立,我国结束了内外贸分割管理近 50 年的局面,逐步统筹管理内外贸发展,流通政策重点针对"入世"后流通领域即将全面开放而制定,出台政策文件(见表 6-2)和重大措施,深化流通体制改革,整顿和规范市场经济秩序,建立和完善信用体系,从市场、外商投资、电子商务等多个方面推动流通业现代化发展。与此同时,政策法律体系不断完善,有关部门先后颁布并实施《中华人民共和国经济合同法》《中华人民共和国产品质量法》《中华人民共和国消费者权益保护法》《中华人民共和国广告法》《中华人民共和国反不正当竞争法》《中华人民共和国商标法》等一系列与商业、市场相关的法律、法规和条例(冷志明,2004),初步构建了社会主义市场流通法律体系。

表 6-2 快速发展期中国流通业发展相关政策文件

发文时间	发文机关	文件名称
2002 年 3 月	中华人民共和国国家发展计划委员会、国家经济贸易委员会、对外贸易经济合作部(国务院批准)	《外商投资产业指导目录》
2002 年 10 月	中华人民共和国国家经济贸易委员会	《"十五"商品流通行业结构调整规划纲要》
2002 年 10 月	中华人民共和国国家经济贸易委员会办公厅	《全国连锁经营"十五"发展规划》
2003 年 1 月	中华人民共和国国家经济贸易委员会	《关于加强城市商业网点规划工作的通知》
2004 年 4 月	中华人民共和国商务部	《外商投资商业领域管理办法》
2004 年 5 月	中华人民共和国商务部	《流通业改革发展纲要》

续表

发文时间	发文机关	文件名称
2004 年 5 月	中华人民共和国商务部	《全国商品市场体系建设纲要》
2004 年 8 月	中华人民共和国国家发展和改革委员会、中华人民共和国商务部、中华人民共和国公安部、中华人民共和国铁道部、中华人民共和国交通运输部、中华人民共和国海关总署、中华人民共和国国家税务总局、中国民用航空总局、中华人民共和国国家工商行政管理	《关于促进我国现代物流业发展的意见》
2004 年 12 月	中华人民共和国商务部、中央机构编制委员会办公室、中华人民共和国国家发展和改革委员会、中华人民共和国财政部、中国人民银行、中华人民共和国国家税务总局、中国银行业监督管理委员会	《深化流通体制改革试点方案的通知》
2005 年 1 月	中华人民共和国国务院	《关于加快电子商务发展的若干意见》
2005 年 6 月	中华人民共和国国务院	《关于促进流通业发展的若干意见》
2008 年 3 月	中华人民共和国商务部	《关于加快我国流通领域现代物流发展的指导意见》
2008 年 12 月	中华人民共和国国务院办公厅	《关于搞活流通扩大消费的意见》
2010 年 6 月	中华人民共和国商业部	《关于促进电子商务规范发展的意见》
2011 年 12 月	中华人民共和国国务院办公厅	《关于加强鲜活农产品流通体系建设的意见》

资料来源:作者整理。

这一时期,因大量外资流通企业进入中国市场,流通业进入高速发展且竞争空前激烈的时期(黄国雄,2002)。加入 WTO 后,大批外资零售商进入中国,我国零售业市场容量迅速扩大。中国流通领域自 1992 年开始引进外资到 2003 年,累计实际利用外资约 30 亿美元,所成立的外资商业企业有

234家，分店有3800多个（徐从才，2006）。美国沃尔玛、法国家乐福、德国麦德龙、日本永旺等世界500强零售集团纷纷进入中国市场，使中国成为当时世界上零售商竞争最为激烈的市场，对国内传统流通企业造成很大冲击，但这些零售集团先进的经营理念和经营方式对推动国内流通企业转型起到重要的引领和示范作用，迅速提高了我国流通企业现代化水平，促进了超市、大卖场、便利店、购物中心等一批新型业态的发展（荆林波，2003），推动连锁经营、特许经营、物流配送等新型流通方式快速兴起，使现代流通经营与管理技术得到快速推广，一大批新型本土流通企业迅速崛起，逐渐形成与跨国零售商相抗衡的竞争态势（宋则，2003）。

这一时期流通业的主要特征包括：（1）流通法律体系日趋完善，行政部门合作管理程度提高，持续优化营商环境，推进与规范新业态成长，进一步激活市场潜力。（2）流通企业连锁化水平快速提升，产业集中度提升，商业企业组织化程度和集约化水平不断提升，中华人民共和国国家统计局数据显示，2002—2011年，限额以上连锁零售业和餐饮业零售额占社会消费品零售总额的比重由5％上升到18.8％，2011年百强零售商商品销售额占社会消费品零售额的比重达到10.9％，连锁企业已成为流通业的主导力量，出现一些较大规模的大型企业集团，如苏宁电器、国美电器等。（3）流通企业现代化水平快速提升，以信息技术和网络技术为主的管理技术和手段等在流通企业广泛应用，如POS机、条形码、管理信息系统、电子数据交换系统、全球卫星定位系统等，使流通效率得到显著提升（周伟，2011）。（4）流通业态多元化发展，电子商务等新兴流通业态开始兴起。欧、美、日等主要发达国家和地区流通企业布局中国市场，在给我国传统流通企业带来巨大经营压力的同时，倒逼国内流通企业转型升级（汪旭晖 等，2012），同时催生电子商务等新型流通业态，新型流通业态保持高速增长，奠定了流通业新的发展趋势。

四、全面提升期:党的十八大至今

随着我国经济稳步发展,流通业整体水平不断提高,在宏观经济中的影响力日益提升。2012 年 8 月,中华人民共和国国务院办公厅出台《关于深化流通体制改革加快流通产业发展的意见》,首次将流通业确定为国民经济先导性和基础性产业[①],使流通业地位实现由末端到先导的历史性转变,标志着流通业进入全面发展提升时期。2013 年,习近平总书记提出共建“丝绸之路经济带”和“21 世纪海上丝绸之路”重大倡议,强调设施联通和贸易畅通,为流通业发展赋予了新的使命。2015 年,李克强总理提出“互联网+”,自此,流通业加快与互联网深度融合发展,流通方式不断创新。2018 年党的十九大召开后,我国经济进入高质量发展阶段,流通业借助大数据、云计算和人工智能等先进技术,创新业态模式,推进流通效率提升,重构流通产业体系,推进流通业高质量发展。2022 年 1 月 24 日,中华人民共和国国家发展和改革委员会发布《“十四五”现代流通体系建设规划》,作为我国现代流通领域的第一份“五年规划”,其着眼于现代流通体系高质量发展,提出我国要加快形成现代流通统一大市场,发展现代商贸流通和现代物流两大体系,强化交通运输、金融和信用三方面支撑,形成“一市场、两体系、三支撑”总体发展框架。

在此过程中,国家相关部门出台了一系列重要政策文件促进流通产业发展,如表 6-3 所示。

① 详见中华人民共和国国务院办公厅出台的《关于深化流通体制改革加快流通产业发展的意见》(国发〔2012〕39 号)。

表 6-3 全面提升期中国流通业发展相关政策文件

发文时间	发文机构	文件名称
2012 年 8 月	中华人民共和国国务院	《关于深化流通体制改革加快流通产业发展的意见》
2015 年 3 月	中华人民共和国商务部	《"互联网＋流通"行动计划》
2015 年 6 月	中华人民共和国商务部等 10 部门	《全国流通节点城市布局规划(2015—2020 年)》
2015 年 8 月	中华人民共和国国务院	《关于推进国内贸易流通现代化建设法治化营商环境的意见》
2015 年 9 月	中华人民共和国国务院办公厅	《关于推进线上线下互动加快商贸流通创新发展转型升级的意见》
2016 年 4 月	中华人民共和国国务院办公厅	《关于深入实施"互联网＋流通"行动计划的意见》
2016 年 9 月	中华人民共和国国家发展和改革委员会	《物流业降本增效专项行动方案(2016—2018 年)》
2016 年 11 月	中华人民共和国国务院办公厅	《关于推动实体零售创新转型的意见》
2016 年 11 月	中华人民共和国商务部等 13 部门	《关于开展加快内贸流通创新推动供给侧结构性改革扩大消费专项行动的意见》
2017 年 2 月	中华人民共和国商务部	《关于做好 2017 年绿色流通有关工作的通知》
2017 年 7 月	中华人民共和国商务部等 9 部门	《关于复制推广国内贸易流通体制改革发展综合试点经验的通知》
2017 年 8 月	中华人民共和国商务部	《关于开展供应链体系建设工作的通知》
2018 年 4 月	中华人民共和国商务部	《关于加快城乡便民消费服务中心建设的指导意见》
2018 年 5 月	中华人民共和国商务部	《关于开展 2018 年流通领域现代供应链体系建设的通知》
2018 年 9 月	中华人民共和国国务院办公厅	《完善促进消费体制机制实施方案(2018—2020 年)》
2019 年 2 月	中华人民共和国商务部等 12 部门	《关于推进商品交易市场发展平台经济的指导意见》

续表

发文时间	发文机构	文件名称
2019 年 7 月	中华人民共和国商务部	《关于推动便利店品牌化连锁化发展的工作通知》
2019 年 11 月	中华人民共和国国务院办公厅	《关于加快发展流通促进商业消费的意见》
2020 年 1 月	中华人民共和国商务部等 13 部门	《关于推动品牌连锁便利店加快发展的指导意见》
2021 年 5 月	中华人民共和国商务部	《关于推进城市一刻钟便民生活圈建设的意见》
2021 年 10 月	中华人民共和国商务部	《"十四五"电子商务发展规划》
2022 年 1 月	中华人民共和国国家发展和改革委员会	《"十四五"现代流通体系建设规划》

资料来源：作者整理。

这一时期，由于现代数字技术的快速发展和以电商为代表的平台企业的分流竞争加剧，实体零售商经营陷入低迷状态，利润率持续下降，迎来"关店潮"（洪涛　等，2015），创新转型成为企业发展的重要任务，以数字平台为载体的新业态新模式不断涌现，业态跨界成为潮流，如"超市＋餐饮"、"便利店＋咖啡馆"、沃尔玛进驻京东平台等（郑斌斌，2019）。与此同时，电商发展进入平台期，各电商平台纷纷向线下延伸，如盒马鲜生、京东 7FRESH（七鲜）生鲜超市等打造社区线下实体超市，线上线下融合发展成为流通企业发展的总趋势（郭馨梅　等，2014）。

这一时期流通业的主要特征为：(1)开放型现代流通体系全面形成，流通主体多元，多业态并存，流通渠道畅通，全国统一市场逐渐形成，初步构建起全球商品流通网络；(2)电商平台企业实力强劲，阿里巴巴、京东、拼多多等一批国际一流流通企业在数字业态创新领域领跑全球；(3)流通企业国际化趋势显著，以苏宁、阿里巴巴和京东为首的一批流通企业"走出去"成效显著，尤其随着"一带一路"倡议逐步落实，以跨境电商为支撑的一批流通企业在多个国家落地开花，带动流通产业国际化进程加快(依绍华，2019)。

新中国成立70多年来，中国流通业从理论、组织、管理、技术、运营等各个层面，经历了对发达国家业态的学习、追赶、超越，乃至在部分方面领先的过程，取得了举世瞩目的成就。流通产业从计划经济时期的末端产业到国民经济先导性、基础性产业，其间转型与创新贯穿始终。流通政策法律体系不断健全，流通管理体制机制不断完善，营商环境不断改善，为产业转型和企业创新提供了发展空间和政策支撑，从而推动流通主体由单一向多元化发展；促使流通企业积极学习发达国家流通企业经营模式，结合中国实际情况创新业态，迅速向现代运营模式转型；促进流通业大力应用互联网信息技术，创造性发展电商平台，极大推进了流通业现代化水平，提升了流通效率，优化了流通结构，提高了产业运营质量，使流通业成为促进形成强大国内市场的重要力量。

第二节　流通业发展取得的成效和经验

1949年新中国成立至今，流通产业规模显著增长，产业影响力显著提升，在满足人民生活需要和吸纳就业等方面取得辉煌成就。

一、取得的成效

(一)流通业规模总量增长显著

新中国成立初期，我国经济十分落后，社会工业化水平低下。改革开放后，国民经济保持较高增速，商品在广泛的市场范围内自由流通，流通业在引导生产、促进消费、扩大内需、增加就业等方面的作用日趋显著。

1.批发和零售业增加值呈爆发式增长

批发和零售业是流通业的核心组成部分，是商品销售的终端载体，是决定经济运行速度、质量和效益的引导性力量。批发和零售商商品销售额直观体现出流通业在满足居民消费方面的作用。如图 6-1 所示，我国批发和零售业商品销售额自 1998 年国家统计局开始公布数据至今，始终保持增长态势，仅 2005 年、2009 年、2010 年和 2015 年的数据呈现小幅波动，从 1998 年的 5.64 万亿元增加到 2020 年的86.43万亿元，22 年间约增长了 14.3 倍，这显示出我国居民消费的强劲增长态势。

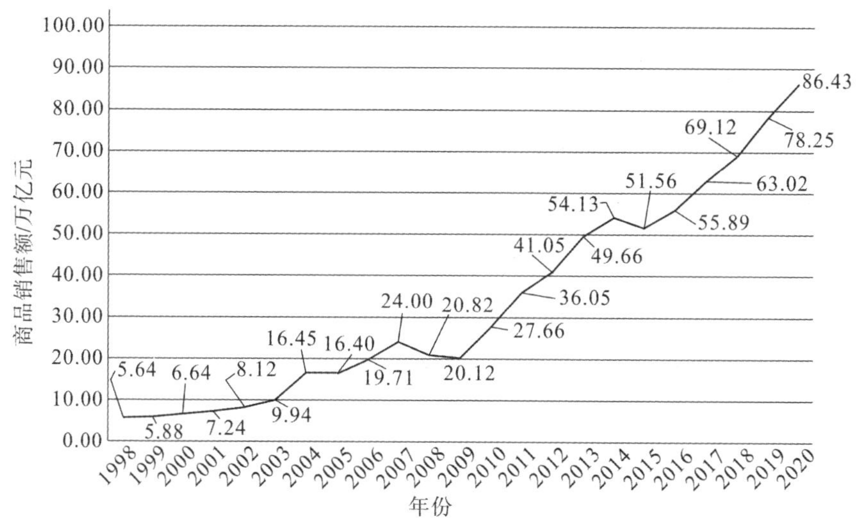

图 6-1　1998—2020 年中国批发和零售业商品销售额

数据来源：中华人民共和国国家统计局。

2.流通业提供大量就业岗位

流通业是吸纳就业的“稳定器”（陈丽芬，2015）。如图 6-2 所示，从 1999 年到 2020 年，就业人数快速增加，从 492.2 万人增长到 1235.0 万人，总增长率达 150.9%。可以看出，流通主体不断增多，提供了很多就业岗位，就业人数持续增加，流通业对经济的影响不断提升，成为国民经济重要的就业渠道。

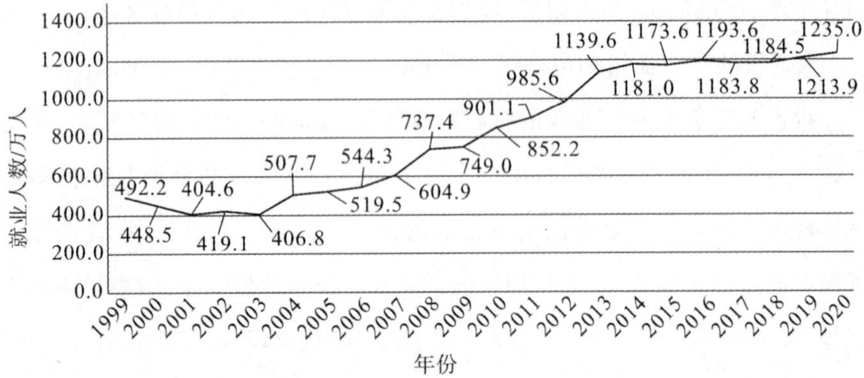

图 6-2 1999—2020 年末限额以上批发和零售业就业人数

数据来源:中华人民共和国国家统计局。

(二)流通主体多元化发展

1.流通主体总数量增多

改革开放以来,流通主体的数量快速增多,自 1999 年公布批发和零售业法人企业数据以来,限额以上批发和零售业法人企业数由 1999 年的 27115 个增加至 2020 年的 276499 个(见图 6-3),增长了约 9.2 倍。由此可见,流通业已成为国民经济的重要产业,在满足居民消费方面发挥了基础性作用。

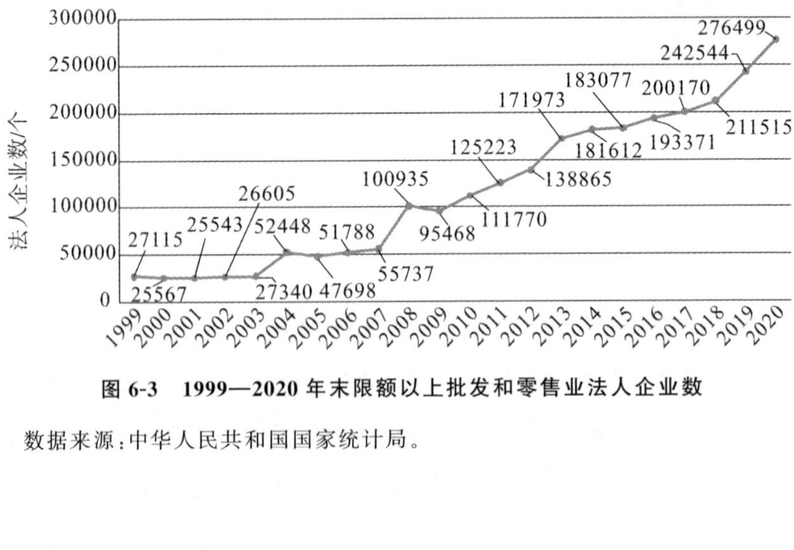

图 6-3 1999—2020 年末限额以上批发和零售业法人企业数

数据来源:中华人民共和国国家统计局。

2.商品交易市场数量保持增长

商品交易市场是我国流通业的重要组成部分，是伴随改革开放而快速成长起来的一种重要业态，在搞活流通、有效带动产业集群的发展，在促进地方经济发展和乡村消费方面发挥着重要作用(柳思维 等，2005)。统计数据显示(见图 6-4)，亿元以上商品交易市场数量由 2000 年的 3087 个增加至 2020 年的 3891 个，最多时达到 5194 个(2012 年)。近年来随着零售数字化的发展，我国亿元以上商品交易市场数量稍微下降，但总体上显示出我国商品交易市场具有长盛不衰的生命力。

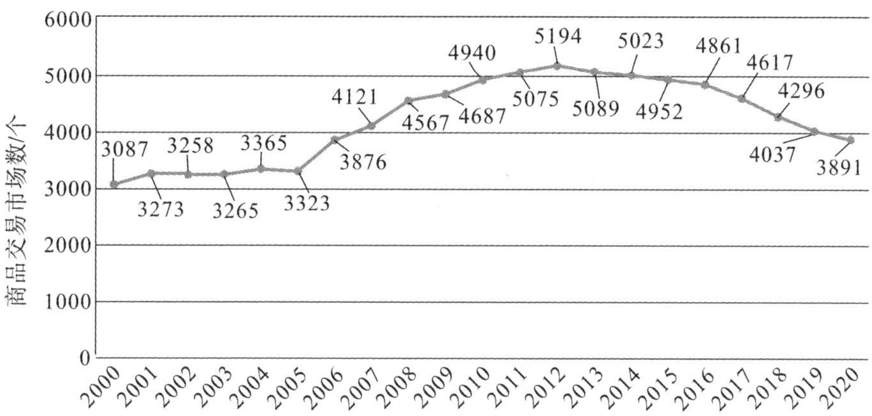

图 6-4　2000—2020 年亿元以上商品交易市场数

数据来源：中华人民共和国国家统计局。

(三)流通行业集中度提高

随着流通企业实力增强，其规模化程度逐步提升，连锁化水平快速提高。根据中国商业联合会、中华全国商业信息中心的统计数据，如图 6-5 和 6-6 所示，零售业百强企业销售规模由 2001 年的 2538 亿元，增长至 2020 年的 102920 亿元，增长了约 40 倍，占社会消费品零售总额的比重由 2001 年的 6.0%扩大至 2020 年的 26.3%；如图 6-7 所示，从增速来看，零售业百强企业销售额增速在大多数年份高于社会消费品零售总额的增速，且增速明显高于行业水平，头部集聚效应持续扩大，这显示出零售业百强企业已成为流通业的中坚力量，具有举足轻重的影响力。

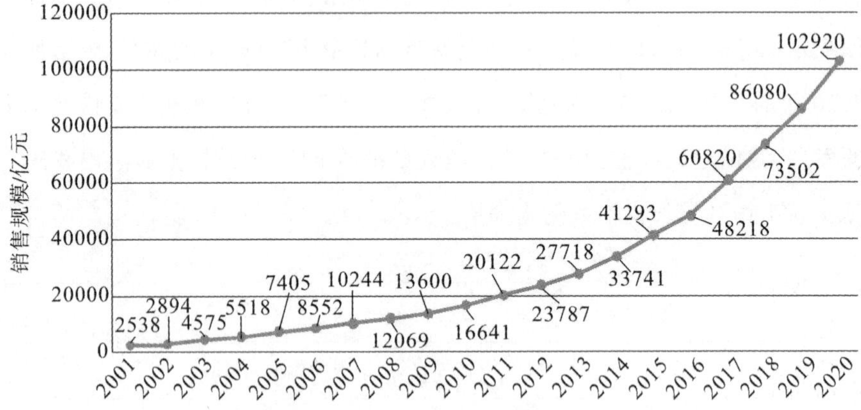

图 6-5　2001—2020 年零售业百强企业销售规模

数据来源：中国商业联合会、中华全国商业信息中心。

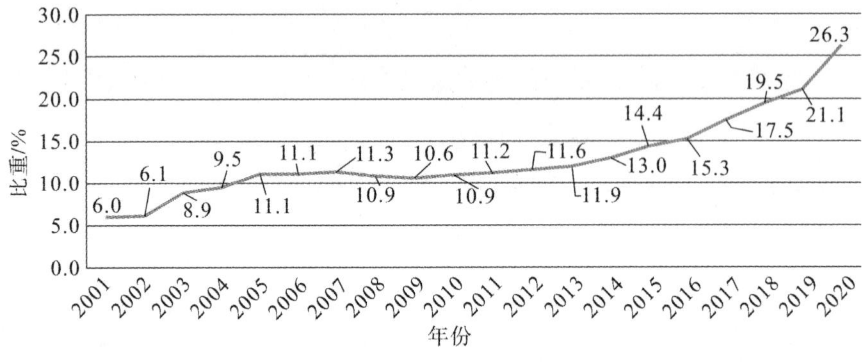

图 6-6　2001—2020 年零售业百强企业销售规模占社会消费品零售总额比重

数据来源：作者根据国家统计局数据加工整理。

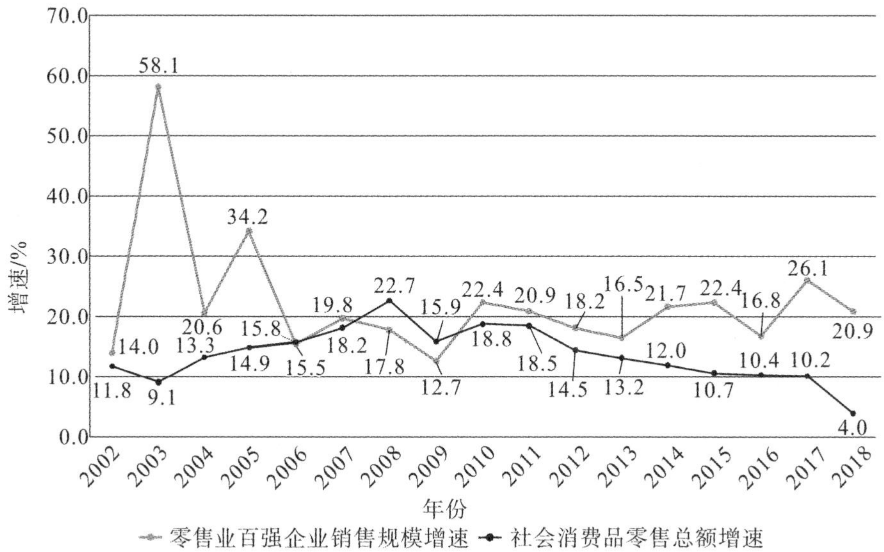

图 6-7　2002—2020 年零售业百强销售规模增速与社会消费品零售总额增速的对比

数据来源：作者根据国家统计局数据加工整理。

（四）流通业数字化转型提速

20 世纪 90 年代后期，互联网信息技术逐渐成熟，电子商务交易方式进入我国，在流通产业各个层面广泛应用，深刻改变了传统流通产业运行模式，开始重塑流通业态，重构流通渠道（依绍华　等，2019）。在约 20 年的时间里，电子商务由引进到应用，再到创新发展，推动我国流通业全面向数字化转型，引领流通产业由实体销售向“互联网＋”转变，催生各类新业态新模式，使我国流通业在数字零售领域实现“弯道超车”，领跑全球（刘玉奇　等，2019）。

1.电商平台企业数量快速增长

20 世纪 90 年代末，京东、阿里巴巴和当当等一批电商企业相继成立，将 B2C（business to consumer，企业对消费者）、C2C（consumer to consumer，消费者对消费者）模式引入中国市场，在经历了短暂的缓慢发展之后，迅速被消费者接受。2003年淘宝网成立,自2004年2月起以月均768%的速度增长,2005年超过eBay,成为亚洲最大购物网站,拥有中国网民1亿多人(马军,2016)。自此,电商平台企业发展进入"快车道",企业数量呈爆发式增长,类型多样化,入驻企业数量呈几何级数增长,电商平台整体实力快速增强且集中度较高。如图6-8所示,根据中国商业联合会、中华全国商业信息中心的数据,在2020年零售业百强企业排名中,三家数字原生企业——电商平台阿里巴巴、京东和拼多多分别以3.2万亿元、2.6万亿元、1.7万亿元的销售规模占据排行榜的前三名,三家企业总的销售规模占零售业百强企业销售规模的79.7%,可见电商企业在我国流通业中已占据举足轻重的地位。

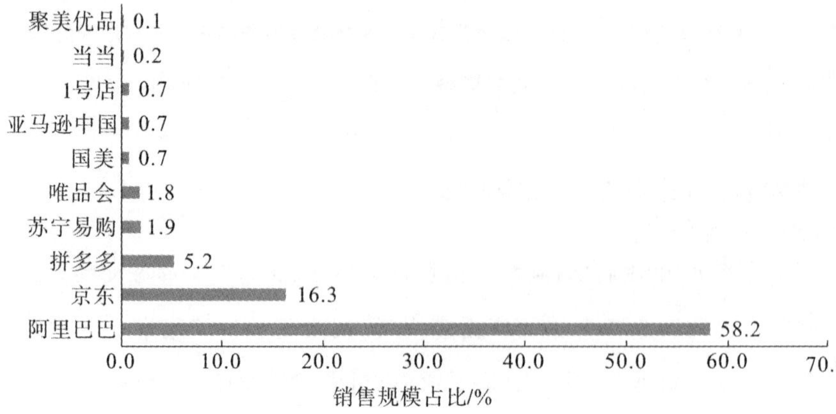

图6-8 2020年零售百强企业中主要电商平台的销售规模占比

数据来源:中国商业联合会,中华全国商业信息中心。

2.网络零售额快速增长

如图6-9所示,随着电子商务的高速发展,网络零售额增长迅猛,由2011年的0.78万亿元增长至2018年的9.01万亿元,7年增长了约10.6倍,年均增速约47%。近年来,一方面网络零售额体量增大,另一方面电商企业发展进入瓶颈期,网络零售额增速有所放缓,但是在社会消费品零售总额占比始终保持增长态势。根据国家统计局数据，实物商品网上零售额占社会消费品零售总额的比重由 2015 年的 10.77%增加到 2018 年的 18.43%，可以看出网络零售已快速成为我国消费者购物的新场景、新渠道。

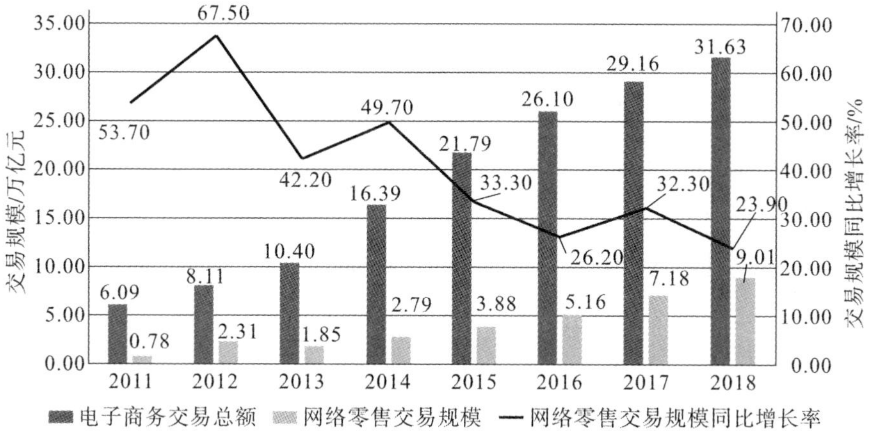

图 6-9　2011—2018 年网络零售额交易规模及增速

数据来源：中华人民共和国国家统计局。

3.电商平台多元化

随着电子商务的快速发展，电商平台企业多元化趋势明显，业态不断迭代升级。在 B2C 终端领域，分别有综合类电商，如天猫、京东、拼多多等；垂直类电商，如唯品会等；直播电商，如抖音等；付费会员电商，如云集等。在传统 B2B 模式的基础上，更多“B 端”电商企业进入上游供应链领域，进而反馈“C 端”需求，开展 C2M(customer to manufacturer，用户对制造商)电商模式。各类电商平台依托各自的优势，精准定位目标市场，形成错位经营、多层次、多类型的电子商务竞争格局。

在此过程中，随着线上红利衰减，各电商平台企业纷纷向线下引流开设体验店，或者与实体零售合作，拓展跨界多元运营模式。例如阿里巴巴升级供应链平台能力，赋能各行业零售商家优化供应链管理；京东全面布局便利店、生鲜、物流等各细分市场新业态；腾讯对合作企业开放云计算、大数据、人工智能、位置服务、小程序、移动支付等技术服务。电商平台自身在向综合化、全业态拓展的同时，充分发挥生态协同效应，为其他企业提供一站式电子商务解决方案，形成多元共生的生态圈，为消费者提供更加便捷的服务和更好的消费体验（王宝义，2019）。

随着电商平台影响力逐渐增大，其对农村地区的辐射力增强，在推动农产品上行和工业品下行方面发挥积极作用，农村地区出现一批专业网店集聚地。如图 6-10 和图 6-11 所示，我国“淘宝村”数量从 2009 年的 3 个增长到 2019 年的 4310 个，“淘宝镇”数量从 2014 年的 19 家增长到 2019 年的 1118 个，农村地区网店集聚不仅促进了农村就业，也带动了农产品的流通，对乡村振兴起到重要作用。

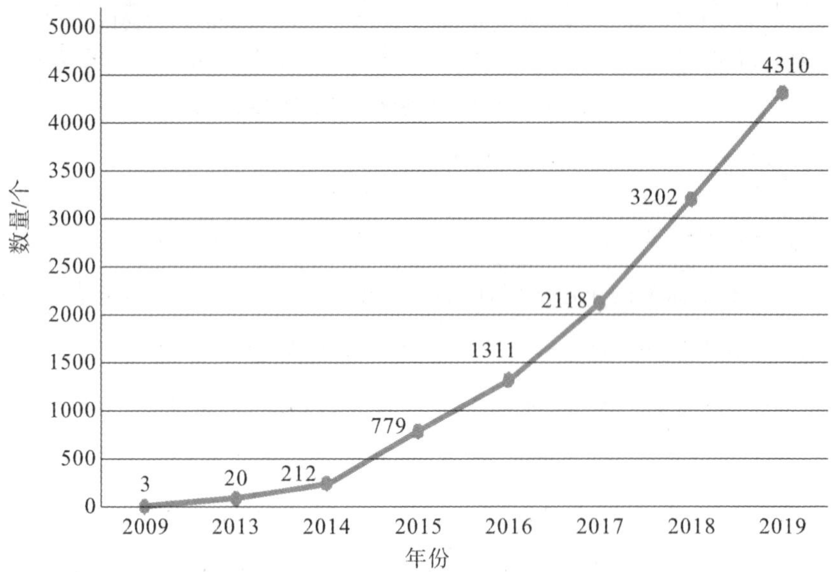

图 6-10　2009—2019 年中国“淘宝村”数量

数据来源：阿里研究院。

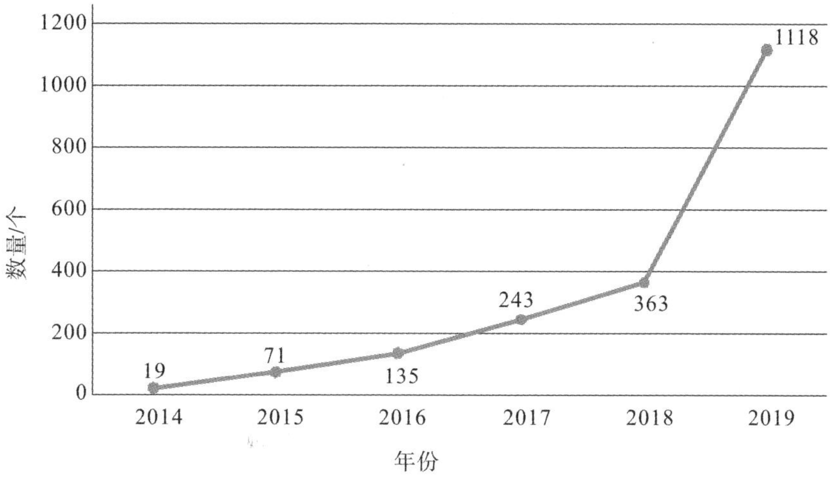

图 6-11　2014—2019 年中国“淘宝镇”数量

数据来源：阿里研究院。

二、发展经验

(一)不断完善流通管理体制，持续改善营商环境

改革开放以来，流通管理体制的完善围绕建立社会主义市场经济体系展开，从改革开放初期调整流通所有制结构、转换国有流通企业经济机制，到“入世”后规范流通秩序、全面开放流通业，再到党的十八大以来流通业向“互联网＋”转变。流通管理体制由直接管理向间接调控转变，再通过“放管服”改革，建立监管一体化体系，行政管理机构不断调整，粮食部、商业部、物资部、国内贸易局等先后淡出历史舞台，中华人民共和国商务部的成立为内外贸一体化奠定基础，也使流通业与国外企业接轨成为可能。通过“放管服”改革推进简政放权，简化企业办事程序，优化监管机制，提高管理效率，打造服务型政府，改善营商环境，从而减轻企业负担，进一步释放市场活力，有力推动流通企业现代化进程，促进流通企业创新发展。

（二）以开放促竞争，以竞争促改革

流通业的发展历程是一个以开放促进竞争、以竞争推动改革的过程。在流通业对外开放的过程中，从中外合资零售商试点到流通业全面对外开放，大量的外资零售商进入中国，本土流通企业面临巨大挑战，但也迎来前所未有的学习世界先进技术和管理经验的机遇。中国流通企业在经历了短暂低潮之后，积极学习国外零售商经营方式，结合国内实际情况，努力探索适合中国消费者的经营模式，以“船小掉头快”的优势，逐渐成长壮大，同外资零售商相互竞争，并与国外企业接轨，深度嵌入全球化生产、全球化消费的供应链体系中，走出一条适合中国国情的零售业成长之路。

在流通业对外开放的过程中，国外企业的管理优势和技术优势倒逼国内流通业加大改革力度，打破传统国有经营模式，建立现代企业制度，推进流通企业市场化经营，使流通企业通过市场竞争提高企业效率，进而提升竞争能力，从而实现了对世界先进企业的模仿、追赶，同其竞争，并在世界商业领域占有一席之地。

（三）以理念和数字技术创新推动业态创新，提升产业发展质量

创新是产业发展的内生动力。通过引进、吸收国外经验，结合实际国情，中国流通业创新拓展多种流通业态，包括工业品批发市场、零售新模式等，以经营理念创新、技术创新和业态创新，为产业发展注入不竭动力。

在创新发展过程中，以阿里巴巴、京东为代表的电商平台，依托互联网、大数据、云计算以及人工智能等新技术，结合理念创新，推动传统零售业在经营模式和支付场景等方面进行系列变革，打破时空阻隔和供需界限，为消费者提供全天候、全时空销售服务，从电子商务模式的追随者成为数字零售创新模式的领跑者，为满足消费需求和激发消费潜力做出巨大贡献。我国流通业通过创新性应用现代技术，在不同产业间实现互联互通，以万物互联

的理念构建各类跨界新业态，打造全场景、全生态链的新零售跨界消费模式，构建以流通企业为主导的价值共创网络，实现企业增值，提高流通产业数字化水平，推动流通产业发展质量的提升。

第三节　流通业数字化发展的典型——零售数字化

如前所述，我国流通业全面向数字化转型，引领流通产业由实体销售向“互联网＋”转变，催生各类新业态新模式，使我国流通业在数字零售领域实现“弯道超车”，领跑全球（刘玉奇　等，2019）。基于平台的数字化创新转型已成为实体零售和传统电商转型发展的必然趋势，“新零售”是我国零售数字化转型的现实表现，2016年“新零售”概念提出以来，涌现出了便利蜂、超级物种、盒马鲜生等新零售商。由于传统技术可供零售商分析的数据维度十分有限，数据多呈静态积累，且数据分析技术不够智能，数据分析结果难以对销售产生显著效果。而传统电商流量红利逐渐降低，流量成本快速增加，增速逐渐放缓。原本相对独立、互为冲突的“线上电商”和“线下实体”开始紧密衔接甚至彼此融合（汪旭晖，2020），数字零售成为两者转型升级的共同趋势，现阶段我国零售数字化具有如下的发展特征。

一、依托数字平台构建全渠道体系

中国互联网络信息中心发布的第49次《中国互联网络发展状况统计报告》（以下简称《报告》）显示，截至2021年12月，我国网民规模达10.32亿，较2020年12月增长4296万，互联网普及率达73.0％。《报告》指出我国网民的互联网使用行为呈现以下新特点：一是人均上网时长保持增长，截至2021年12月，我国网民人均每周上网时长达到28.5个小时，较2020年12月提升2.3个小时，互联网深度融入人民日常生活。二是上网终端设备使用更加多元，截至2021年12月，我国网民使用手机上网的比例达99.7%，其中手机仍是上网的最主要设备，网民中使用台式电脑、笔记本电脑、电视和平板电脑上网的比例分别为35.0%、33.0%、28.1%和27.4%。[①]

随着消费者的全面在线化，企业围绕消费端应用数字技术，通过开设网站、运营App、入驻第三方数字平台、开通微信小程序、运营微信公众号，或与美团、饿了么、京东到家等合作开展到家服务，构建了广泛、立体的顾客连接，通过智能手机和社交平台、内容平台等积累消费者资源，以数字化营销为重点，提供扫码、搜索、购物、社交、会员服务、购物卡管理等直接面向消费者的服务，改善零售终端的购物体验。比如永辉超市提出打造“手机里的永辉”的数字化规划策略，加快数字化转型，加大线上店的投入，构建了以“永辉生活”App、“永辉超市”公众号、“YH永辉生活”小程序、“永辉社区go”小程序、“永辉超市京东到家”服务等为核心的线上渠道矩阵，推进线上线下全渠道融合发展。

二、零售业务数字化进入深度应用阶段

零售业务数字化转型可追溯到以计算机信息管理系统（management information system，MIS）、企业资源计划（enterprise resource planning，ERP）、销售时点信息（POS）为代表的早期信息技术的导入（李飞 等，2018；郑斌斌，2020）。企业总部通过信息管理系统实时掌握各门店的经营销售情

① 中国互联网络信息中心.第49次中国互联网络发展现状统计报告[R/OL].（2022-02-25）[2022-10-19]. http://www.cnnic.net.cn/hlwfzyj/hlwxzbg/hlwtjbg/202202/t20220225_71727.htm.

况，实现购、销、存、调的管理信息化，提高企业运营效率。伴随数字技术的发展与突破，零售商主要运用数字技术对现有业务进行数字化改造，实现以业务流程数字化、可视化、可追溯等为特征的"业务数据化"，重视数字化运营且更加注重从数据中挖掘新的业务，着力于通过数据业务化拓展价值增值空间。比如，在会员数字化的场景下，研究会员的购物行为、进店路线、所关注的商品、交易行为、优惠券使用率、商品关联等，进行数据收集、行为建模、用户画像，分析门店之间的客流竞争关系，进一步优化商品结构；通过视频技术把握、采集和分析货架的商品数据，构建可视化系统，实现销售查询、会员查询、商品订货、库存查询等（陈娟　等，2021）。经过改造的智慧门店利用数字技术实现了对进店人流和客流的统计，以及对动线和热区的数据采集，分析哪些货品更加吸引客户，指导门店优化店内货品的摆放和展示设计；结合收银系统的数据，测算每天的进店率和购买转化率，并且在后台实时监控每一家实体店铺的销售运营情况，及时发现问题，调整部分门店的销售促销策略（张建锋　等，2022）。

三、零售智能化决策水平不断提高

以消费者为中心，在基于数据驱动的新零售理念的推动下，从用户识别、用户触达到用户服务构建全链路数字化，全方位的数字技术应用覆盖全产业，对人、货、场全链路的数据收集与分析，数字技术创新对企业整体的"溢出效应"显现，零售商开始逐步走向万物互联、智能决策的数字零售（郑斌斌，2020）。比如，应用移动支付、可视化库存、扫码购、销售时点信息、射频识别、增强现实、智慧摄像头等各种技术发展智慧门店来获取数据，优化门店的铺货和补货效率。同时，利用线上电商平台、App、微信小程序等实现商品精准推送和销售，并为实体门店引流，实现全渠道高效协同运营，为消费者提供无缝式的全渠道购物体验。比如，永辉全面推进"科技永辉、数字赋能”的零售数字化战略，继续推进全渠道业务的战略转型，布局供应链、门店的数字化发展，由永辉技术团队自主研发的全链路零售数字化系统“YHDOS”从用工、订货、会员、履约等层面深挖数字化深度，逐步实现流程信息化、分析可视化、全面智能化。

零售数字化创新转型不是一蹴而就的，而是经历了从内部协同管理到生态协同的发展过程，零售商数字化转型经过几年的创新实践，正在从浅层应用阶段向深入掌握阶段跨越（郑斌斌，2020）。零售数字化在营销推送、无缝安全支付、物流配送等具有零售交易属性的环节方面具有较多优势，但在使供应链敏捷化、数据分析、数字化技术架构、生态合作伙伴协同等方面仍有待提升（郑斌斌，2020）。

第四节　研究结论与未来展望

回顾新中国成立后流通业 70 多年来的发展历程，我国流通业通过不断探索，积极学习借鉴国外经验，从传统模式快速转型，并创新流通模式，在数字化应用的部分领域领跑发达国家，从而走出一条具有中国特色的流通业现代化发展之路。

当前，我国经济进入高质量发展阶段，转变发展方式，优化经济结构，转换增长动力，构建现代化产业体系，成为经济高质量发展的重要支撑（简新华　等，2019）。流通业作为国民经济的先导性和基础性产业，从粗放式发展、追求速度和规模增长向集约式发展、注重质量效益提升转变，尤其是在新技术推动下，流通业由传统的劳动密集型向技术、资本密集型的转变，以技术创新为核心，以数字平台为主要载体，实现了业态数字化创新，产业组织能力增强，逐步向现代化产业体系升级。

一、流通产业体系进一步完善，逐步实现高质量发展

我国流通业已形成较为健全的产业体系和服务网络体系，在满足人民的美好生活需要方面发挥了基础性作用。随着居民消费由大众化向多样化、多层次、个性化转变，流通业面临产业资源整合和业态服务升级，在提高供给质量、提升消费便利、拓展服务功能方面有待进一步完善，主要体现在以下三个方面。

一是流通企业向全业态和深度专业化方向发展，在云计算、大数据和人工智能等现代技术支撑下，实现流通业态创新，打通不同产业界限和不同渠道边界，通过跨界运营，延伸服务内容和服务深度，提升企业供给质量和服务能力，满足不同层次消费需求，提高消费满意度，并通过技术升级向数字化转型，提升流通效率，形成供给更加多元、业态层次更加多样的现代化流通产业体系。

二是流通网络体系向低线城市和农村延伸，进一步增加流通基础设施供给，提升流通设施现代化水平，缩小这些地区与一、二线城市的差距，进一步完善商业网点布局，鼓励大型零售商渠道下沉和“电商下乡”，提高流通企业连锁化程度，完善流通网络服务体系，提高低线城市和农村地区的供给质量，改善末端服务供给，优化消费环境，提高消费便利度，提升居民消费质量。

三是流通服务功能进一步提升，针对流通企业不同的市场定位，有针对性地拓展服务功能，提升消费质量。针对综合性百货店、购物中心等流通企业，在满足购物需求的基础上，优化空间布局，调整产品和服务供给，增加休闲、娱乐、文化、社交等附加功能，提供复合的消费功能，丰富消费体验，提升消费质量。针对社区商业，鼓励服务设施升级，引导品牌商业企业进驻社区，提高社区商业规范化和连锁化程度，改善供给质量；同时，优化布局，合

理搭配，发展多种业态和多种类型的社区门店体系，健全社区商业服务功能，进一步提升社区消费便利化水平。

二、完善供应链体系，提高流通产业运行质量

随着市场体系的逐步成熟，企业间竞争日趋激烈，已由单个企业间的竞争转变为企业供应链间的竞争。供应链体系的完备程度以及供应链管理效率既体现了企业竞争实力，也反映了企业管理组织化水平，是企业综合能力的体现，因此构建完善的供应链管理体系已成为现代企业竞争的重要内容。

在传统供应链中，往往以工业企业为核心统筹供应链管理体系，流通企业大多作为承接部门，与工业企业进行配合衔接。信息技术与流通产业的深度结合强化了流通企业对于消费者信息的搜集和处理能力，突出了消费需求引领下的供应链体系中的流通企业的核心地位，从而改变了传统供应链体系的功能配置，推动了以零售商为主导的供应链体系快速发展。

由零售商组织上游资源，参与设计和指导生产，与制造企业以及前端原材料供应商等链上企业进行信息共享，并将顾客纳入产品研发设计和售后服务体系，围绕物流、信息流、资金流进行信息共享，按照消费需求变化，实时调整生产计划和配送方案，实现柔性化生产，从而节约库存和生产成本，提升企业管理效率，改善企业供给能力，提高供应链企业组织化程度，进而提升流通产业运行质量，推动形成现代化流通产业体系。

三、参与全球价值链重构，提升流通企业国际化程度

随着我国流通企业实力的增强，走出国门，落地海外，实现全球化布局，已成为企业发展必然规律。尤其是电商平台的发展，为流通企业走出去提

供了技术支撑和渠道资源，以电商平台为代表的流通企业早已在海外布局设点，建立海外仓、直采基地，设立线下实体店，通过“买全球、卖全球”，满足国内外消费者多样化需求。流通企业作为商品国际化销售的渠道和纽带，为众多国内品牌商品销往海外提供了平台和资源，也为国外商品进入中国市场提供了机会和销路。在打通国内外市场体系的过程中，流通企业加深了国内外企业间的交流，推动了企业间的互补合作，使我国企业更多地融入全球市场，以全球合作实现要素优化配置和资源整合，从而参与全球价值链重构，提升我国企业在全球分工中的地位。

随着“一带一路”倡议稳步推进，我国已与多个国家建立双边电子商务合作机制，“丝路电商”合作国家遍布五大洲，包含澳大利亚、俄罗斯、意大利、奥地利、新西兰等 19 个国家，为流通企业“走出去”提供了更多选择。我国与“一带一路”沿线国家在经济发展水平、资源禀赋等方面都有着较大差异，消费需求和消费习惯也有较大差别，彼此间需求互补性更强，产业合作领域更加广泛，以跨境电商平台为桥梁，组织商品资源优化配置，引导产业要素集聚，推动产业链重组，能够提升我国流通企业国际化资源整合能力，并将极大提高我国流通企业的国际影响力。

四、打造强大国内市场，提升消费对经济增长的基础性作用

随着我国经济进入高质量发展阶段，消费成为经济增长的“主引擎”，也是国内市场的重要内容（何立峰，2019）。流通业作为实现最终消费的载体，在推动消费规模升级、提升消费品质方面具有基础性作用，因此推动流通业高质量发展，将有力提升消费规模和消费质量，并直接助力形成强大国内市场，进一步提高消费对经济增长的拉动作用。我国政府针对流通业高质量发展主要有以下举措。

首先，在市场体系建设方面，逐步缩小城乡市场、区域市场差距，促进要

素流动，实现资源优化配置，提高市场运行效率，进一步完善全国统一市场，为不同层次消费者提供更多选择，激发消费潜力；加强“放管服”改革，简化行政审批手续，减轻企业负担，完善营商环境，释放市场活力；健全监管体系，进一步改善市场秩序，为企业和消费者提供公正、安全的市场环境。其次，在产业发展方面，以新技术应用的普及提升流通业现代化水平，推动实体零售商转型，催生新业态新模式，创新流通方式和消费模式，提升企业规模化水平，提高流通效率，构建现代化产业体系。再次，在产品供给方面，以消费需求为引领，促进流通企业整合各方资源，自主或合作研发新产品，引入现有商品，提升产品供给能力，更好地满足消费需求。最后，在消费服务方面，拓展流通企业服务功能，以“跨界”“混合”为特征，为消费者提供综合性一体化服务，丰富消费体验，提升消费质量，进而促进消费规模扩大和消费潜力释放。

我国拥有世界上最大规模的中等收入群体，应致力于通过消费需求拉动供给。通过平台技术创新流通方式、整合流通功能，为消费者提供更好的产品和服务，进而推动消费增长，发挥消费对经济发展的基础性作用，对促进现代化经济体系建设，推动经济高质量发展，具有极其重要的意义。

第七章 便利店企业的零售商业模式创新：便利蜂

便利店是一种满足顾客应急性、便利性需求的零售业态。在传统零售业态发展乏力的情况下，相较于 2015 年，2016 年我国便利店业态的销售额同比增长 13%，实现逆势增长①，近几年便利店业态整体规模不断扩大，成为我国零售业的重要组成部分(郑斌斌，2017)。

中国连锁经营协会的调查数据显示，2021 年门店数量在前 100 名的便利店企业门店总数量超过 16 万家，较 2020 年增长 23.0%。虽然受到各地新冠肺炎疫情多点突发、散发的不确定性影响，但便利店业态的店铺数量与销售总额仍然实现了稳定增长，其中：拥有 1000 个以上门店的便利店企业达 27 家，比 2020 年增加 3 家；拥有 500～1000 个门店的便利店企业有 22 家，比 2020 年增加 7 家，“头部”及“腰部”企业的增长带动了整个便利店行业的稳定发展。②

第一节　案例选择与研究设计

随着线上获客成本的不断上升，便利店因离消费者近且能够满足其日

---

① 中国连锁经营协会.2017 中国便利店发展报告[EB/OL].(2017-05-10)[2017-09-01].http://www.ccfa.org.cn/portal/cn/view.jsp? lt=33&id=430429.

② 中国连锁经营协会.2021 年中国便利店 TOP100[EB/OL].(2022-07-11)[2022-10-30].http://www.ccfa.org.cn/portal/cn/xiangxi.jsp? id=443755&ks=%E4%BE%BF%E5%88%A9%E5%BA%97&type=10003.

常生活高频次的购买而成为获取线下流量最有力的入口。同时，城市化让大部分上班族更加繁忙，消费者需要一种能为其提供全方位生活便利服务的零售机构。因此，在消费需求、资本和技术的多重驱动下，2016 年开始以阿里巴巴、百度、腾讯、京东等为代表的数字原生平台纷纷跨界布局线下便利店业态，出现了便利店投资热潮。便利店企业积极依托数字平台进行商业模式创新，是平台经济背景下零售商业模式创新的领先业态，在众多的便利店企业中，新兴便利店企业——便利蜂商贸有限公司（以下简称便利蜂）是一个极其典型的实践案例。

便利蜂成立于 2016 年 12 月，其定位为“科技创新型智能便利店”①，创始人团队包括“去哪儿”网创始人、7-Eleven 便利店和邻家便利店的高管团队。在发展过程中，便利蜂不断引进肯德基、麦当劳等国际企业人才，目前公司员工超过 5000 人，员工架构是互联网与实体零售人才、本土企业人才与国际企业人才的有机组合（夏守亮，2018）。自 2017 年 2 月 14 日首批五家店在京同时开业以来，截至 2021 年底，便利蜂全国共有 2800 家门店，以直营模式主要分布在北京、天津、上海、南京、苏州、杭州、无锡等 20 个城市的生活圈②。

本研究的研究团队从 2019 年以来对便利蜂展开了持续的追踪调研。其中，现场访谈主要集中于 2019 年 4 月 24 日完成，访谈的地点在北京便利蜂总部，调研对象为包括高管、部门负责人在内的 6 人，形成的录音文件总时长约 130 分钟，提取的文字文本约 3 万字。此外，研究团队阅读和收集了大量的二手资料和企业直接分享的内部文档，共计形成了 20 余万字数的文本数据。这些数据共同支撑了本章的案例分析。

---

① 详见便利蜂官网（https://www.bianlifeng.com/#about）。

② 详见便利蜂官网（https://www.bianlifeng.com/#about）。

第二节　构建数字平台形成价值创造基础

便利蜂提出了“小小幸福,在你身边”的顾客价值主张,旨在利用前沿数字技术革新零售,解决种种消费痛点,为消费者提供优质、健康、安心的生活和高效、便捷、满意的服务,让消费者体会到生活幸福感,以此作为企业发展的使命。①

一、“门店+App”——实现人的连接

传统零售中,门店是连接顾客重要且唯一的场景,通过靠近消费市场选址开店并在商圈中夺取存量客流承担客流的隔离机制。数字时代下,商圈客流的稳定性已破坏,客流可以跨越时空自由切换,消费者的空间分布随着平台虚拟连接而改变,客流不仅包含了实体商圈中看得见的人群,也包含了不在该商圈中的看不见的线上人群。零售商通过线上线下的数字化连接,将看得见的人群和看不见的人群都集聚于同一大数据平台,以对抗“客流而店不流”,自行构建数字化商业基础设施。便利蜂以与顾客的连接作为商业模式的起点,通过“门店+App”的平台形式,在门店内引导顾客下载、注册和应用便利蜂的 App,从线上和线下实现与消费者的连接。

第一,数字零售赋予了传统零售门店更多的空间价值。门店不再只是承担商品价值的传递和实现功能,而是作为一个集聚顾客的流量入口,犹如搜索引擎的入口界面,因为便利店布满社区,在非常小的范围内能够很密集

① 详见便利蜂官网(https://www.bianlifeng.com/#about)。

地连接到人。在 2018 年中国便利店大会上，便利蜂运营 CEO 王紫在演讲时指出，便利蜂并不只把门店视为独立的盈利单元，而是视为整个便利服务网络的物理节点（刘艳，2018）。便利蜂对于门店的考核，在日销额、毛利率等传统指标的基础上，延伸到高频用户数量、用户消费频次等多重维度（刘艳，2018），强调了门店作为连接节点的重要性。

第二，快速扩张是为了获取更多的顾客连接。便利蜂选址不再单一考虑该商圈的客流情况，而是基于快速建立平台的需要而快速开店。门店成为线下流量的入口，只有店铺数足够，大数据平台才有价值，因此便利蜂前期不计成本、不计是否盈利、不计物件规格是否标准而快速开店。日本 7-Eleven 于 1974 年在日本开设第一家门店，直到第 7 年才开设了 1000 家门店（郑斌斌，2018），而便利蜂 2017 年在北京开设第一家门店，到 2019 年（开业第三年）门店数量达到 1000 家，开店速度远远大于以 7-Eleven 为代表的传统便利店。

第三，线上 App 在获客基础上，通过消费者之间的横向连接实现裂变和引流，通过转发链接、赠送优惠券等促销方式引导消费者之间的流量裂变，成为互联网时代非常重要的获客手段。

二、智能物联网——实现物的连接

物联网是指将射频识别装置、红外感应器、定位系统、激光扫描器等信息传感设备与互联网结合起来，进行信息交换和通信，从而实现智能化识别、定位、追踪、监控和管理的一种网络。物联网在各领域的广泛应用已成为人们关注的焦点和热点，尤其是在仓储、配送以及供应链管理中无不涉及物联网技术的应用（俞华　等，2012）。

便利蜂投入巨资建立物联网平台，连接了门店货架、设备和商品等。通过设置自助购物机、微信小程序扫码购复核机等设备，在方便顾客自主购物的同时，将门店内的商品、设备以及物流等连接聚合，从而建立智能物联网。

三、大数据平台——实现人与物的连接

传统电商平台通过消费者的搜索、比较、交易、评价等构建了以消费者数据为主的大数据平台。而线上线下融合经营的互联网零售商业模式通过连接拓展市场覆盖范围，将消费者的空间分布虚拟化，实现人与人的连接。便利蜂打通了移动互联网和智能物联网，实现了人和物的互联互通，建立了一个统一的大数据平台。

传统便利店主要通过在门店配置 POS 终端，用以记录顾客的性别、年龄等基础数据，大多依靠店员根据工作经验的积累识别顾客身份、洞察顾客喜好等，存在顾客数据维度单一、高度依赖店员熟练度等缺陷。便利蜂打通了线下终端和线上云端两个系统，整合了数据体系，能够详细记录顾客购物全过程数据，通过智能算法识别顾客深层需求，对于顾客的理解也从简单的人口统计信息不断扩展到消费偏好、生活方式等更加个性化的层面，用户画像更加立体和完整（刘艳，2018）。

在平台经济情境中，数据可以映射到流通的各个环节，打破了信息不对称的壁垒，大大降低了顾客的转换成本，极大地提高了顾客口碑传播速度。由于消费者与商品之间的连接，可以获取消费者的购物行为全过程的数据，包括对商品的搜索、比较、购买，以及商品使用后的评价数据等，零售商基于数据的收集、分析，可以优化搜索流程、商品推荐，追踪商品使用效果，从而提高消费者整体的购物体验。

第三节　基于数据驱动的零售价值活动创新

一、基于大数据的终端运营创新

（一）大数据选址开店

便利蜂的门店布局以大数据分析为支撑，以顾客的活动动态来决定门店开设位置。例如，在北京大望路 SOHO 现代城、中关村创业大街等，同一商圈内开设 2 家以上门店，门店之间相距不到 500 米。通过客流动线分析，便利蜂得出结论，由于交通限制、中庭隔断等，这两家门店看似直线距离很近，但其实因为顾客移动不方便，所以这两家门店同其周边可看作是两处独立商圈，可以同时开设两家门店（刘艳，2018）。传统开店方式注重考虑关键时间节点的客流情况，例如日企便利店追求单店盈利能力，在选址上更多地考虑商圈的客流情况，根据每天早、中、晚三个时段以及平日和周末的客流对比来测算盈利可能性，如果达不到盈利所需的客流，就会放弃开店，所以日企便利店在中国的开店速度一般很慢，而大数据选址开店是根据顾客动态生活轨迹来确定门店地址的，能够为顾客提供更大的便利性。

（二）基于大数据分析的会员精准营销

供给和需求之间存在不平衡时，一般在销售过程中会通过价格调整和促销方式来减少库存，比如大容量销售、组合销售、信息推送等。近年来，在资本的助推下，各便利店品牌扎堆开店，使得商品严重同质化，门店去库存的压力大。面对所有顾客的定价无差别以及促销无差别是传统零售的运营惯例，但实际上营销效果有限，因为不同的消费者对价格和促销的反应不一致，这导致无差别的促销信息无法匹配消费者的个性化需求，而数字零售却打破了固定价格、促销惯例，根据消费者的消费习惯、消费频率、消费偏好等实行动态定价，从而推动商品的精准销售。

不同于传统便利店或其他零售店针对大多数消费者在固定的时间用固定的促销方式来促销商品，便利蜂依靠数据分析和计算来实行动态促销，针对不同时间段、不同消费场景、不同用户所推送的促销信息不同。例如，对于两个都有每天喝咖啡习惯的消费者，根据对消费者多维度的数据分析和计算，分别给两个消费者推送拿铁赠送券和零食打折券，差异化地提升这两位消费者的满意度。动态促销可以实现对每个消费者的精准促销，促进消费者的持续消费，从而获取每个消费者更为精准的消费数据。

二、线上线下相融合的商品经营创新

（一）“头部商品＋长尾商品”的兼容陈列

传统零售情境中，门店陈列空间有限，商品新增展示成本高昂，零售商往往围绕“头部”消费者的需求选品，形成范围有限性的商品组合。数字零售情境中，针对线下陈列空间有限、线上陈列空间无限的双重特点，便利蜂的线下门店主要陈列基本的、刚需高频的快消品，而线上 App 由于有无限大的虚拟空间，可被视为“商品池”，用以展示小众、冷门的长尾商品，从而拓展实体门店陈列空间。

便利蜂的商品品类主要包含乳制品、休闲食品、日用品、熟食热菜等，其中熟食热菜占比较高，且主要是面向白领阶层的中高端国内和进口商品。2019 年研究团队现场调研期间，便利蜂北京门店的单店工作日营业额一般约为 15000

元，而便利店业态中的领先企业 7-Eleven 的单日营业额在生意较好时仅为 20000 元左右，可见便利蜂的单店营收规模已经接近成熟的日系便利店。

（二）大数据选品

消费者的购物需求随着时间的变化而变化。传统零售参考 POS 销售数据，结合买手经验，同供应商进行长期合作，不断淘汰滞销商品，导入新商品，以此来满足消费者随时间变化的购物需求。在大数据平台的赋能下，零售商可以通过大数据进行选品，实现需求的精准匹配。便利蜂通过自主开发的大数据选品系统，分析筛选出符合商圈消费需求的商品，并以行业平均速度的 3 倍进行商品迭代，同时根据大数据不断优化现有商品，对每个品牌采用精细化管理，根据大数据快速推出新商品，快速调整优化商品结构，使选品成功率达到 80%以上（刘艳，2018）。这种基于大数据的“边试错边调整”的选品策略，有效提高了顾客的来店频率及复购率，使便利蜂可以获取更多的正向循环的消费数据，进一步提高精细化运营水平。

三、实现即时配送的物流仓配体系

（一）“门店＋前置仓”的店仓一体化配送布局

如第五章所述，传统零售情境中，门店分布主要考虑流通费用和竞食效应的影响。从便利蜂的门店分布网络可以看出，数字经济下的门店分布是以 30 分钟即时配送到家为空间界限展开的，通过前置仓的设置，与门店互相补充，实现本区域的店仓最优化布局，而不是仅仅考虑门店密度。具体来说，便利蜂通过将前置仓和区域门店组合，集中汇集外卖订单，根据配送地址，统筹安排员工配送外卖，实现到家服务。

前置仓有两个主要功能：第一，承载所有线上订单的相关业务。一个前置仓大约负责周边 15 家门店的线上订单的集中拣配、打包和配送。以往每家门店需要单独处理线上订单,并负责拣配、打包等业务,1 个快递员需要去 15 家门店取件,但现在快递员只要到一个前置仓集中收件就可以,节省了门店员工的人力成本。第二,实现仓店之间的商品调配,以便及时调整货架商品,减少销售机会的流失,将销售不好的商品调到前置仓再调配给其他门店或者通过线上渠道销售,实现商品快速、灵活的周转。

(二)零供协同打造数字化共同配送体系

便利蜂高度重视对物流仓配的系统规划,创业初期便开始自建现代化仓储物流体系,应用数字技术改造供应链与运营系统,提升后端供给效率。同时,与供应商协同构建共同配送体系,提升门店配送效率,降低配送费用,并将商品库存周期缩短至 1 周,达到了行业先进水平。便利蜂打通了运营系统的前中后端,组建了智能、敏捷、柔性的供应链和物流体系(夏守亮,2018)。

第四节　基于大数据资源的价值机制创新与动态能力

一、顾客价值创造机制

(一)基于大数据的消费全过程价值创造

资源是支撑商业模式创新的载体。传统零售情境中,门店运营系统、商品管理系统和物流配送系统是零售运营系统的核心构成部分,尤其是在市场饱和、门店拓展困难的成熟阶段,商品管理系统承担着最为核心的职能,商品管理部门提取、分析由企业的信息管理系统收集而来的销售数据和顾客属性数据，为采购和研发新产品提供决策支持。但是在由移动互联网和智能物联网构建的数字商业基础设施之上，万物互联，零售企业获得了源源不断的售前、售中、售后的各种数据，人、流程、商品、设备的连接打造了大数据智能运营中心，通过智能算法来赋能于各个职能部门。便利蜂基于大数据和智能设备研发开发智能管理系统，积累商业模式核心资源——大数据，以大数据资源去整合社会现有的商品资源，依靠大数据和智能算法，创造了消费全过程的便利价值。

（二）商品快速迭代提高市场响应速度

便利蜂构建的人与人、物与物、人与物相互融通整合的大数据平台为商品经营提供了强大的数据支撑，通过自主研发的选品系统实现精准选品、快速选品，基于大数据的“边试错边调整”的选品策略提高了对市场动态变化的响应速度。在自有品牌商品的研发上，他们采用“小批量、多款式、快速生产”策略，打造了柔性供应链，保证了对市场需求的快速响应。

二、企业价值获取机制创新

（一）门店智能运营实现降本增效

便利蜂通过研发门店智能运营体系，提升门店运营效率。比如，便利蜂研发了全品类销量预测系统，从而实现了对次日商品销售的预测准确率高达80%以上，并基于销量预测开发自动订货、促销、排班、陈列、制作、上新等自动化业务系统，大大减少了人工劳动，实现了“千店千面”的运营效果（夏守亮，2018）。便利蜂还研发了“温度自动回溯系统”的独立监测设备以及严格控制热食销售时长的“鲜度 pad”等智能化数字技术，有效实施了商品鲜度管理，增强了顾客对食品安全管理的信任，大大提升了顾客复购率。

这样的门店智能运营系统大大减少了门店冗余业务，使门店员工有更多时间与精力用于顾客服务，提升了顾客满意度。

便利蜂对门店的经营面积采取了细化到每平方米的网格式管理，系统实时监控动销情况，利用智能算法优化门店坪效。同时，他们根据不同的商圈，如写字楼、社区、大工厂等的特征，建立并迭代相应的门店运营模型，提升门店运营效果(夏守亮，2018)。

在店铺运营中，店员和店长不需要自己去订货和陈列，而是通过大数据来完成，订货数据和陈列方案由总部定期推送给门店，这种总部集中处理的运营方式可以避免迅速开店造成的人才储备不足的问题。便利蜂极力做到用大数据和人工智能来替代员工操作，从而尽量避免人工失误，通过智能运营体系来缩短资源积累的时间。

(二)会员付费模式拓展企业收入源

2018 年 1 月便利蜂上线付费会员服务，为消费者推出了尊享版超级会员与超级会员两种会员订阅模式。其中，尊享版超级会员每月会员费用为 50 元，会员用户使用便利蜂 App 成功消费后可获得 10%的返利；超级会员每月会员费为 12 元，会员用户使用便利蜂 App 成功消费后可获得 5%的返利(吴文治，2018)。除此之外，会员用户可享有免费骑便利蜂单车、会员专享价等其他会员权益。通过付费会员服务，不仅可以拓展收入来源，而且能够培养忠诚客户。

(三)基于大数据的零供快速合作

日系便利店和供应商一般是深度合作，都有几十年的长期合作关系，双方为战略合作伙伴，这使得便利店的商品品质稳定，但是商品开发种类受到供应商的限制。便利蜂根据大数据挑选每种商品分类的头部品类，然后由商品部门去寻求各个品类的头部厂家进行合作，以确保商品品质的稳定性和可信性。便利蜂不会因为与供应商的合作时间长而保持合作关系，而是会根据大数据分析得出的需求变化来增减供应商数量，致力于建立快速而非长期稳定的零供合作关系。

三、零售数字化动态能力

便利蜂以数字化技术改革传统便利店业态范式，通过“门店＋App”模式实现线上线下融合运营。通过投入巨资建设数据平台和物联网平台，以门店和 App 为集聚顾客的流量入口，以消费者为中心，对其购物行为的全过程进行数据捕捉，依据消费者的大数据进行选品、选址、促销等零售经营，以建立适应平台经济的便利店商业模式。

从便利蜂的案例分析可以发现，数字经济时代的零售商首要关注的是大数据平台的建立，大数据资源成为零售商业模式的重要资源。通过数字技术创新价值活动的数字能力，是平台经济背景下零售商业模式创新的核心动态能力，便利蜂的数字能力包括两个方面的内容：一是通过数字技术研发改善、优化业务流程的能力，提升零售业务执行效率；二是通过大数据分析挖掘顾客潜在需求，做到精准营销与选品，实现消费全过程价值创造。

便利蜂依靠大数据平台技术精准分析会员用户的消费偏好等，为会员用户提供精准化、个性化服务，不断增加新的消费体验；运用智能运营系统，减少门店事务性工作内容，提高门店管理效率，打通运营系统的前、中、后端，组建智能化、柔性化的供应链体系；通过构建大数据平台、研发数字技术，将数字技术与零售业务融合，打破数据孤岛，形成数字驱动业务经营、业务实践优化数字技术的良性循环。

便利蜂以数字技术研发提升零售会员精准营销能力、门店效率提升能力、供应链动态管理能力等动态能力，以大数据平台为载体，利用大数据资源赋能零售经营系统的创新，为顾客提供竞争对手所没有的独特价值，从而取得比竞争对手更好的业绩，增加了门店的营业额和利润，使竞争优势得到了进一步巩固(郑斌斌,2018),实现了商业模式创新。

第五节　案例总结与启示

便利蜂的企业定位为科技驱动型的互联网企业,通过建立连接、聚合人、货、场的大数据平台汇总零售全过程数据。零售数据的收集、整理、分析和应用映射到购物全过程:售前是优化搜索行为,售中是提高商品体验和商品交易,售后是提高商品配送的物流速度和激励消费者进行分享、评论和转发等。通过对消费者购物全过程的数据积累,从中挖掘出顾客价值加以实践创新,提升品质消费。便利蜂以大数据为顾客价值创造源泉,不断地优化数据结构、数据算法来洞察消费需求,形成遍及消费全过程的实时协同价值网络,在产品与服务创新中占据速度优势,提升了消费者购物全过程的便利价值。基于大数据平台的便利蜂零售商业模式创新可简单归纳为图 7-1,供读者参考。

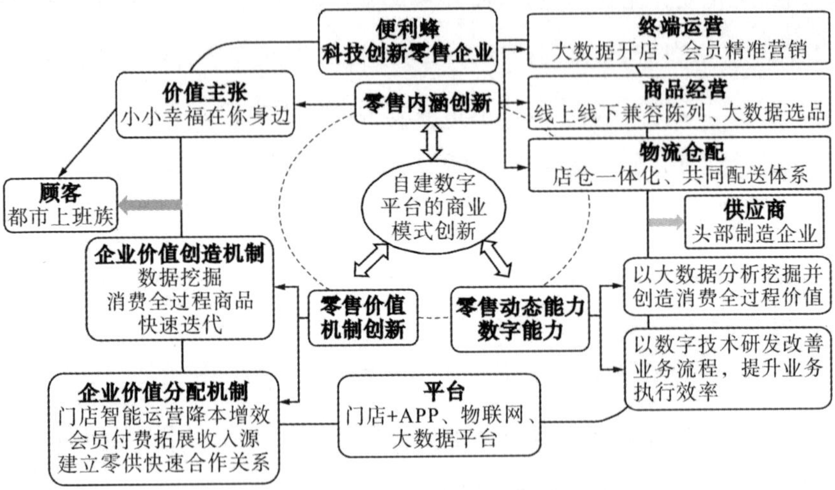

图 7-1　便利蜂的商业模式创新总结

图片来源:作者绘制。

第八章 社区店的零售商业模式创新：苏宁小店

实体零售商是在特定的地理空间中开展商品分销服务的经济组织(刘向东 等,2019)。传统零售情境中,商业活动受到时空刚性的约束。消费者与商店之间存在绝对空间距离,营业场所的固化致使到店消费者数量有限;实体商店内部空间有限,导致商店所能陈列的商品数量有限;门店固化的营业时间限制了消费者获取商品的时长和购物便利性等,在物理时空约束下,买卖双方需在规定时间和现实空间才能完成交易。

以移动互联网、物联网、大数据、智能算法等为代表的数字技术轻松突破了物理时空约束,数字平台将曾经相互分割的线上线下整合到一起,实现了全区域、全时段、全品类、全客群的空间无限制、时间无约束的市场一体化经营(郑斌斌 等,2020)。消费者不再受到在固定的营业时间内到固定的营业场所购物的物理时空硬约束,可在任何时间、任何地点进行购物。消费者还希望商品的位移在预期消费时间内完成,以实现消费效用最大化。随着数字平台对社会经济生活产生深刻影响,实体零售商依托平台创新发展已成为行业发展共识。在实体零售商数字化转型的过程中,由于跨区域跨时空的网络交易有更为复杂的经济特征,使其商业模式创新带来重大挑战。

第一节　案例选择与研究设计

苏宁控股集团有限公司(以下简称苏宁)旗下的社区店品牌——苏宁小店创建于2016年,总部位于南京,截至2018年底全国共开设门店4508家,2019年门店数超过5000家,初期采取自营模式,门店主要分布在南京、上海、北京等一线城市。苏宁小店提出对外打造线下生活平台,对内赋能集团其他业态发展的价值主张,以"便利店+App"的线上线下融合经营,全面打造社区"共享冰箱"和"共享厨房"的生活综合服务平台(马妍,2020),未来计划在全国开设10万家门店,将苏宁小店打造成为线下的天猫平台,成为集团整体业务的流量入口。

研究团队通过深度访谈、现场观察和搜集二手资料三种数据搜集方法采集样本企业数据。在进行一手资料搜集前,团队首先通过大量二手资料的收集获得了苏宁小店的基本信息。二手资料主要从苏宁集团官网、中国连锁经营协会官网、联商网等权威网站获取。通过根据事先设计的研究问题进行的半结构化深度访谈来收集二手资料,现场访谈主要集中于2019年5月30日完成,访谈的地点在苏宁小店北京总部。调研对象包括高管、部门负责人在内的4人,形成的录音文件总时长约150分钟,提取的文本约3.5万字,加上二手资料和企业直接分享的内部文档,共计形成约15万字的文本数据。深度访谈、现场观察和二手资料等多渠道的数据来源形成了对相同问题的多渠道验证,共同构建了有效的"证据三角形",确保了数据的充分性和准确性。

第二节 构建集团业务的流量平台

2017 年 3 月，苏宁董事长张近东提出“智慧零售”概念，明确了“智慧零售是指运用互联网、物联网技术，感知消费习惯，预测消费趋势，引导生产制造，为消费者提供多样化、个性化的产品和服务”。[①] 因此，苏宁朝着“购物中心做大”“专业店做精”“小店做近”的方向，建立了“两大、两小、多专”的智慧零售生态体系(贾康 等，2019)。公开资料显示，苏宁零售的布局覆盖苏宁广场、苏宁易购广场的两大购物中心，以及苏宁小店、零售云店、苏宁易购云店、红孩子、苏鲜生、苏宁体育、苏宁影城、苏宁极物、苏宁易购汽车超市、苏宁易购县镇店等多个专业店，集团统一建构大数据平台，以消费者为中心，打破线上线下的界限，围绕消费场景体验构建了家电、百货、超市、母婴用品等多样化的智慧零售业态。

在苏宁集团智慧零售战略布局下，苏宁小店的定位是为消费者提供综合服务的线下生活平台，以此吸引消费者，以期成为苏宁集团的超级流量入口。以北京地区为例，现有 500 家店(2018 年底的数据)，根据相关测算：每个小店每天的客流量为 600 人次，每天能够产生约 30 万的流量，将这 30 万人导流至整个苏宁集团的超市、母婴、体育用品等其他八大产业，能为其他产业赋能，从而变现和增值。

在引流策略上，苏宁小店的整体运营围绕着社区居民生活而展开，主要以单价低、质量高的商品为核心去连接用户。线上 App 提供各项生活便利

---

① 详见环球网的新闻：《张近东政协大会发言：发展未来智慧零售》(https://m.huanqiu.com/article/9CaKrnK18RL)。

服务来增加用户黏性、培养用户习惯，比如话费充值、衣物干洗服务、家电清洗服务、水电物业缴费等。在建立客户信任后，再推送高客单价、低频次的商品或服务以提高整体销售额和利润，包括链接苏宁易购，打通苏宁金融"任性付"等商品和服务，为线上苏宁易购、线上金融提供流量入口。

第三节　以引流为目的的零售价值活动创新

一、终端运营：门店多元化、差异化运营

（一）门店模式多元化

苏宁小店的定位为社区生活综合服务平台，门店选址大多深入社区，并根据地段和消费者需求不断迭代与创新，打造贴合社区生活场景的"便利店+"的门店模式，比如现已开发"便利店＋餐饮""便利店＋快递""便利店＋药店""便利店＋家政""便利店＋智能办公"等多元化的门店模式。新兴的业态"无人 Biu 店"作为智慧零售的重要实践，为苏宁小店提供了数字技术支撑，依托人脸识别、商品识别、自主结账和智能感应控制等前沿技术，极大地提升了苏宁小店的运营效率（马妍，2020）。

（二）门店服务综合化

苏宁小店的服务项目更具有差异性，是其他便利店难以复制的。其服务项目包括：空调、电视、洗衣机等家电的安装、清洗、维修、保养、检测，羽绒服清洗"家政服务"、手机以旧换新，电信业务（信合约号卡的办理和电信宽

带的办理)，二手房交易，复印打印扫描等共享办公，共享充电宝，出借雨伞，蛋糕预订，等等。苏宁小店主要是依托苏宁集团提供电器维修、洗衣、水电煤缴费等生活服务等，且接受市民的定制化服务。

在服务上，苏宁小店突破商品范围，实现服务共享。通过线上 App 和线下门店的无缝衔接，消费者可以享受到家、到店服务，比如帮客服务和邮局服务、在家购买到店自提、在店购买自提带走、在家购买配送上门和在店购买送货上门等服务。苏宁小店致力于让消费者体验到快速和便捷，在短时间内满足消费者的需求，让消费者省出更多时间去休闲、娱乐。通过满足消费者社区购物、生活服务的多样化需求，苏宁小店实现用户聚集，再逐步通过其他创新服务的引入实现商业变现。

(三)门店拼团预售化

社区拼团购买是苏宁小店全力主推的新型销售方式，并因此创建了“苏小团”这一品牌。苏小团拼购依托于苏宁小店，在小店周边对应的社区发展团长，以团长为卡点，通过微信群和小程序的方式，把商品推到顾客身边，以此来锁定不愿意下载 App 和没有时间到店购买的人群。拼购方式可以汇集碎片化、随机性需求，且体量庞大，能够使销售额呈几何速度增长。例如在荔枝上市之前的一个月就开始预售，所定的预售价格比市场价格便宜很多；在汇集全国的预售订单后发往直采地，由直采地直接发货给消费者；在这个过程中，根据订单量将货款支付给果农，果农保证了销售收入，苏宁降低了损耗，且从源头上降低了采购成本，消费者也能以低价获取商品。

在传统零售情境下，消费者产生需求之后，到特定的商店去购买。现在消费者的消费习惯和观念已经发生了改变，于是零售商将产品信息推送给消费者，激发其消费欲望，使其产生购买行为。苏宁小店在汇集预售订单后，要求当地供应商将货送到前置仓，缩减了用户商品获取时间。

二、商品经营：商品和服务本地化、综合化

苏宁小店主要围绕满足社区家庭的日常生活需求来选品，在品类组合上以消费高频的“生鲜＋日用”为主。一家社区型的苏宁小店备有50多个水果品类SKU（stock keeping unit，最小存货单位），60多个蔬菜品类SKU，并在收银台旁边设置早餐柜，提供包子、鸡蛋、粥、关东煮等小食。同时辅以本地生活服务，以及10分钟内到店消费、半小时送达的服务组合。

与一般便利店相比，苏宁小店水果和生鲜商品的比例较高。根据2019年的访谈数据，当时在北京地区20多家的苏宁小店中，果蔬和鲜食的日均销售占比达到40%，个别门店甚至突破60%。果蔬品类的商品结构主要包括两种：一是日常生活刚需高频的水果蔬菜，比如黄瓜、西红柿等，会通过地采供应链直达门店；二是较为高端的水果蔬菜，比如泰国榴莲、新疆库尔勒香梨、南方小龙虾等，会通过建立海外买手团队和基地直采来提高供应效率。

苏宁小店线下实体门店的商品结构注重本地化。在开发产品时，会注重考察商圈周边的竞争结构，例如发现社区周边小餐饮饭店比较多，就重点开发餐饮类的小吃产品。苏宁小店的商品品类较之其他便利店而言，水果蔬菜、小吃（如摊煎饼、酱肘子、麻辣烫、馄饨等）更加丰富。苏宁小店还会与本地的供应商建立战略合作关系，例如在北京地区与燕京啤酒、首都食品集团等合作。

苏宁小店刚开业的时候，模仿7-Eleven便利店的商品结构进行经营，但是发现商品销量并不好，后来便不断挖掘与社区商圈内消费者需求匹配的商品，SKU从原来的6000多个逐渐缩减到2000多个，将缩减的商品放入线上商品池待选。

三、物流仓配:依托集团供应链资源

苏宁创立于1990年,迄今已有30多年的零售从业经验,拥有庞大且成熟的供应链体系。原先针对各地区连锁店的补货铺货、顾客购买,采取的是"大仓直送、大区域覆盖"的物流仓配模式。2009年苏宁易购电商平台正式上线后,仍然沿用旧有的物流仓配模式。面对平台上消费者的碎片化购物需求,每次需要启动"大仓到消费者"的配送,成本高,效率低。苏宁小店成立后,小店承担前置仓与中转站的角色,还打通了大仓与苏宁小店之间的大数据系统,大仓汇总配送需求后,将商品集中配送到苏宁小店,由苏宁小店进行二次临近配送,不仅提升了配送效率,节约了成本,同时也提升了消费者的整体消费体验(张静,2022)。目前,苏宁小店"次日达""半日达"服务在全国实现了广覆盖,"准时达"也已在9个城市试点(马妍,2020)。"大仓—苏宁小店—消费者"的物流仓配模式实现了大范围的商品调配和小范围的快速配送。

第四节　零售价值机制创新与动态能力

一、基于集团资源赋能的顾客价值共创

任何一项创新都需要商业资源的保障和有效协调,资源是商业模式的核心竞争力,苏宁的集团资源积累对苏宁小店的商业模式创新起到了至关重要的赋能作用,具体包括以下三方面。

第一，苏宁小店的发展依靠的是苏宁集团搭建的供应链系统，该系统为全国 4000 多家小店输送商品和服务。目前苏宁集团已经建有 43 个冷链仓，覆盖 45 个大区，支撑全国冷链体系，通过常温车和冷链体系实现一日一送或一日两送。苏宁小店的生鲜果蔬运输则借助了苏宁集团自营物流和冷链，有效解决了果蔬生鲜运输难度大、耗损大、运输成本高等一系列行业瓶颈问题，为进一步加大精品果蔬的进口奠定了坚实的基础。

第二，苏宁小店充分与供应商进行入店合作。店铺补货事务授权给店长，由店长根据社区需求决定商品结构和数量。以摊煎饼为例，苏宁小店签下联营的供应商，苏宁小店提供场地，由合作的供应商提供操作人员、设备，以及面、酱料等原材料，苏宁小店和供应商共同分配煎饼收益。苏宁小店借此将自身的门店资源与供应商资源交互，创新商品供给。

第三，苏宁小店依托集团平台构建独特的社区服务。通过大数据系统记录用户的消费习惯，其消费偏好、特点、购买习惯等数据统一上传并存储到苏宁云端，再通过平台智能算法及时向用户精准推送商品。同时，苏宁小店积极应用无人机、无人店、无人车、虚拟货架等数字化技术，以及人脸识别、商品识别、自助结账、智能感应控制等技术，增强了苏宁小店提供社区综合化服务的能力(张静，2022)。

二、与集团平台交互赋能的能力

在本次案例研究中发现，苏宁集团的平台资源对苏宁小店的业务开展起到了重要的推动作用。苏宁小店依托苏宁集团的供应链系统，紧紧贴近社区居民，提供果蔬、乳饮、面包等食品，生活用品，便民服务，等等，满足日常生活主要需求，构建社区“最后 100 米”的智慧零售，以用户体验为导向，通过数据驱动，实现店在身边、服务到家、即时速达的经营理念，成为社区居民线下生活平台，以此汇聚流量，为集团赋能。

但是苏宁小店商品的本地化、服务的综合化提高了经营复杂程度,对其零售数字化经营能力提出了更高的要求。在集团复杂多元的零售业态下,苏宁小店从消费端的用户连接和信息采集开始,将业务全面在线打通,整合业务数据和消费数据,运用大数据与智能算法实现运营数据化、营销数字化、决策智能化,打破"数据孤岛",聚合各节点大数据资源,通过算法算力,优化零售决策。苏宁小店不断提升业务的数字化运营能力,通过大数据和智能算法提升门店的业务执行效率,不断洞察社区顾客的潜在需求,挖掘更多维度的价值创造节点。

传统实体零售商虽然在积极尝试通过运用各种数字技术推动线上线下全渠道建设以获取、存储和整合更多消费数据,并尝试通过组建专业技术团队或数据分析团队来提升大数据分析能力,但由于数据质量低、各数据板块存在"数据孤岛"、分析人员对零售业务不了解以及业务场景的挖掘深度不够等原因,实际数据分析和运用效果并不理想(李飞 等,2018)。在实践中,仅有20%左右的零售商将基于大数据和算法基础的智能门店运营决策作为未来数字化的重点发展方向(李晓雪 等,2020)。因此,在提升零售数字化动态能力方面,除了依靠集团平台的供应链资源和数据支持外,苏宁小店总部本身如何提升数字化经营能力,反哺集团发展,是苏宁小店未来发展的重要课题。

第五节 案例总结与启示

伴随着互联网的蓬勃发展,"新零售""智慧零售""数字零售""无人零售"等零售商业模式创新层出不穷,实体零售商数字化发展已成为必然趋势。苏宁小店依托苏宁集团的数字平台以及完善的供应链资源,不断创新商品、服务供给，创新销售方式，其商业模式创新重点围绕“用户黏度”进行，通过商品、服务创新与销售方式创新增加用户黏度，同时也承担着为苏宁集团其他业态引流的重要职能。但是，苏宁集团如何有效转化苏宁小店的流量，苏宁小店总部如何提升数字化运营能力，使苏宁小店充分发挥流量入口的效用，是苏宁集团未来发展的重要课题。

相关资料显示，在2019年年底，受到各种因素影响，北京、武汉等地的部分苏宁小店迎来了闭店调整、谋求新发展的转型升级机会。尽管挑战不断，苏宁小店借助集团平台赋能又通过引流赋能集团平台发展的商业模式，对探索平台经济背景下零售商业模式创新是一个具有重要启发意义的实践案例。苏宁小店零售商业模式的创新可简单归纳为图8-1，供读者参考。

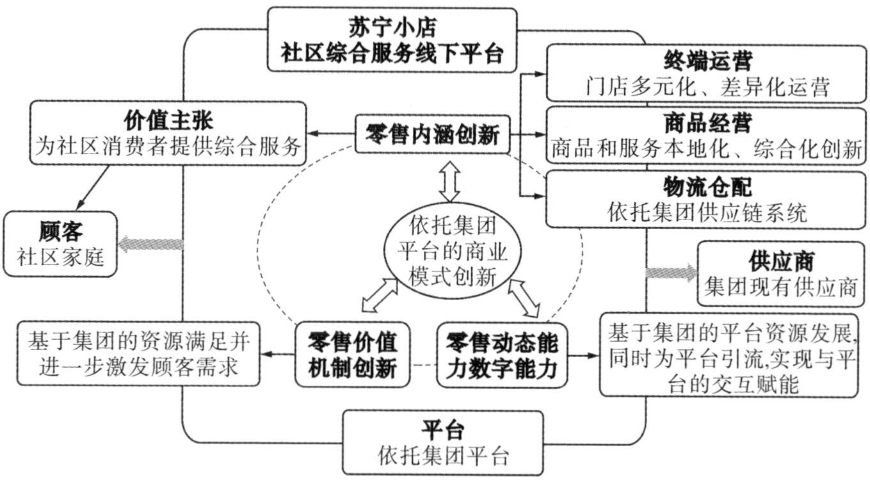

图8-1　苏宁小店的零售商业模式创新

图片来源：作者绘制。

第九章 实体平台型零售企业的商业模式创新转型：百货店业态[1]

① 本章主要引用本书作者与依绍华已公开发表的论文：依绍华，郑斌斌.价值创造视角下百货店商业模式创新——基于日本百货店的经验证据[J].中国软科学，2021(1)：98-113.

第一节　问题的提出

百货店作为城市生活的核心场景之一，是实现高品质消费的重要载体，我国1950年4月成立了第一家百货店，百货店作为城市商品流通的主要渠道，对我国城市经济和社会文化发展以及人们生活方式的改变起到重大的推动和引导作用。然而近年来，随着数字平台技术的广泛应用，以及数字商务的快速发展，人们的传统消费习惯和消费方式被改变，对实体零售商造成巨大冲击。百货店这一实体零售业态，营收骤减，利润率持续下降，关店现象加剧（洪涛，2015）。为摆脱经营困境，百货店积极调整经营策略，力图通过商业模式创新实现价值再造，重获竞争优势，但是在创新过程中受到诸多因素影响，导致效果不佳，常常陷入“雷声大，雨点小”的尴尬境地。平台经济背景下百货店如何通过创新商业模式来提升企业绩效，成为我国百货店企业实现可持续发展必须解决的关键问题。

他山之石，可以攻玉。本章以日本百货店业态为案例研究对象，以零售商绩效影响要素模型为基础，参照商业模式创新等理论，基于价值创造视角，探讨平台经济背景下实体百货店通过商业模式创新促进企业绩效提升，以及商业模式创新中价值创造特征与绩效影响要素之间的作用机制。针对这一研究问题，将其细分为两个子问题展开案例分析并构建研究命题：(1)为改善绩效，企业需打破原有的商业模式，对其价值创造体系进行解构、重构与优化，因此需研究企业聚焦绩效影响要素进行价值创造体系重塑的路径。(2)在商业模式创新过程中，价值创造体系通过价值增值（效率优势或/和新颖优势）改善企业绩效的路径和机制。综上，本书的研究命题是以提升企业绩效为目的，企业在商业模式创新过程中价值创造的内涵与价值创造机制。具体而言，本章在论证零售商业模式、价值创造机理以及企业绩效理论内涵的基础上，通过对日本百货店头部企业的案例分析，归纳出日本百货店商业模式价值再造、价值增值的逻辑过程，并基于商业模式的价值创造机理与企业绩效影响要素的交互过程来展开理论探索和建构，提出亟待未来研究检验的重要研究命题，构建整合性研究框架，并为我国百货店转型提出对策建议。

第二节　文献综述

一、百货店研究综述

国内学者对百货店创新的研究主要集中在三个方面。

一是百货店业绩下滑的原因。吴小丁（2008）、陈立平（2011）、宋则（2017）等将百货店倒闭、业绩不振的主要原因归于品牌联营制，认为百货店普遍采取联营模式使其失去了技术创新的动力和店铺个性；李飞等（2010）认为自营和联营各有利弊，选择不同经营方式的主要影响因素是品牌供应商的规模。

二是百货店转型升级方向。洪涛（2015）认为随着信息技术的发展和消费习惯的变化，“纯百货店”业态已经消失，实行线上线下融合摸索成为百货店转型升级的大趋势（陈红华　等，2017；刘向东　等，2018）。

三是对百货店商业模式创新方式的研究。李飞等（2011）研究了当代商城服务创新的路径，认为服务创新是联营方式下我国百货商店提升竞争优势的关键路径；李飞等（2015）以胖东来为案例研究百货店商业模式创新路径，提出服务和无形资源是创新的关键。

但是,对于百货店商业模式创新与绩效提升之间逻辑关系的研究仍然非常匮乏(依绍华 等,2019)。伴随着互联网信息技术的不断迭代与升级,零售商业模式创新变得更加普遍和频繁。基于商业模式创新成功是极少数的而大多数以失败告终的反差性事实(Ansari et al.,2016),研究平台经济背景下百货店商业模式创新如何提升企业绩效,其理论贡献和实践意义更加凸显。

二、零售绩效影响要素

Wermer 和 Kuma(1999)构建了商店特点、地理位置、消费者特点和竞争环境的零售商绩效影响四要素模型。

商店特点是指其提供的商品品类组合及服务功能,具体包括定价、促销策略、服务水平、商品种类和便利度等,反映了一个商店的吸引力程度。对于百货店而言,则是指通过分析消费者需求偏好并进行预测,向供应商采购商品或者吸纳供应商入驻卖场,并对店内商品进行展示,以合适的促销方式和商品定价进行销售。在选择商品和提供服务内容时,一般根据百货店的市场定位确定品牌品类及相应的服务内容。由于商店定价与服务水平成正比,一些顾客愿意支付一定的溢价来获得优质服务(前田和利,1999),因此高档百货店的服务功能更加齐全,服务水平也更高。随着消费需求不断升级,更多顾客注重商品的时尚性、个性化,重视消费体验,因此百货店需要对零售要素进行重构和创新。

地理位置主要是指商店选址及其所在位置有效距离范围内的人口密度或者家庭数量。对传统零售商来讲,地理位置是影响其绩效的关键因素,即使在货品选择、组合以及服务等方面具有优势,但是仍然无法弥补地理位置的缺陷。地理位置一般与潜在销售额、未来居民基数的稳定性、潜在的目标购物者增加消费的可能性(比如高收入者的增多、双职工家庭增加)等密切相关。绝大多数百货店都位于城市中心商圈。随着城市人口郊区化迁移，百货店也会开在城郊购物中心。在不同的地理位置，同一家百货店的不同分店需要以不同的方式提高吸引力，以此来提高销售绩效（田村正纪，2014）。进入电子商务时代后，消费者的空间分布随着网络连接而改变，百货店门店不再是连接顾客重要且唯一的场景，因此百货店需要重新定义门店空间的价值（依绍华　等，2019）。

消费者特点包括收入、房产、受教育程度和年龄等要素。其中，消费者收入与价格弹性负相关，对百货店业绩影响最大。不同年龄的消费者的购物偏好有差异，年龄较大的消费者更理性，冲动型消费、奢侈消费及跟风式消费较少；随着人口老龄化以及出生率的下降，消费人群的整体消费能力在下降。受教育程度较高的消费者，不仅关注所购商品的使用价值，而且关注内在价值，对商品品质要求更高。同时，随着消费者主权在市场经济中占据主导地位，顾客需求变化速度快，对商品品质要求高，多样化、个性化趋势明显，消费者需求快速变化成为零售商业模式创新的根本动力（刘刚，2018）。在互联网连接一切的情境下，消费者市场选择的权利增强，对企业运作的参与也日益加深。消费者需求形成新的资源机会，驱动企业与消费者合作，通过紧密互动共创价值（吴瑶　等，2017），因此顾客参与企业的价值共创成为商业模式创新的新维度。

竞争环境包括周边一定区域范围内的其他业态的零售商，例如折扣店、专卖店、专门店等。Craig 等（1984）指出，竞争对绩效产生的影响好坏参半。一方面，竞争促使百货店优化商品结构并提供更为优质的服务，使其收入增加；另一方面，竞争也不断催生各种零售创新业态，分流百货店的客源，进而影响其收入。因此，百货店需要不断创新，为顾客提供更多价值，从而提升自身竞争力。目前，多数研究成果针对其中两个影响因素进行分析，运用数理方法研究其对零售商绩效的影响效果及程度。在前人研究的基础上，本章运用商业模式理论对上述四个绩效影响要素进行分解、重构，找出价值增值之处,分析其促使企业业绩提升的机理。

三、商业模式的价值创造与绩效提升

商业模式创新主要是从不同角度、不同层次对企业要素、内容、结构等进行重构、改进,改变价值链活动内容、流程和交易方式,从而实现价值创造和增值。其中,创新动力是影响商业模式创新的关键因素,通过要素创新或者改变要素之间的关系,在技术进步、顾客需求、竞争者、企业战略和系统性等多重因素共同或部分作用驱动下实现创新。企业对产品(价值主张)、目标客户、供应链(或者伙伴关系)等因素共同构成的价值链实行再造,从而获得新的成本与收益模式(闫国庆 等,2012),即以价值链上不同步骤的差异化实现降低顾客成本、提升顾客价值的价值增值。

Amit 和 Zott 将商业模式对核心的企业绩效的影响划分为创造总价值和部分增值两种效应,应用价值链分析以及熊彼特创新等理论解释价值创造的内在机理,并将新颖性、锁定性、互补性和效率性四种属性视作价值创造驱动器(Amit et al.,2012)。其中,新颖性重点强调引入新内容、运用新技术、创造新市场、创新交易方式等,该属性是商业模式创造价值的关键源泉。互补性是指联结存在相互依赖关系的活动,使企业产生价值增值效应,实现总价值大于部分价值之和。效率性是指通过加强要素间的连接作用而节约协调成本、激励成本等交易成本,提高交易效率。锁定性是指延续交易活动或者推动参与者持续合作的程度,主要通过提高转换成本、增强资产专用性等方式使参与者继续留在交易活动体系内。

从上述四种属性对价值创造产生的效应来看,效率性和新颖性带来的价值增值是商业模式创新的核心内容,符合"关系—结果"的逻辑链条。不同逻辑链条通过整合创造出增值闭环(杨俊 等,2020),即商业模式中价值创造和价值获取的逻辑具有内在一致性和外在一致性。内在一致性表现为内容、结构和治理等三个维度的匹配与互动强化（Zott et al.，2010；Baden-Fuller et al.，2013）；外在一致性表现为外部环境与商业模式各构成要素之间交互影响与匹配（Bohnsack et al.，2014）。在因果逻辑清晰明确的条件下，商业模式具备价值创造和获取能力，进而能够促进企业绩效提升（Ritter et al.，2018）。

四、现有文献评述

现有研究成果表明，提升绩效是商业模式创新的重要任务。一些重要研究发现商业模式创新带来企业绩效差异的关键在于企业创造、传递和获取价值的效率性或/和新颖性的差异，涉及商业模式系统性、整体性创新。也有少量研究对商业模式变化本身是否有助于改善绩效提出不同看法（Bock et al.，2012；Cucculelli et al.，2015），但研究结果之间相互矛盾甚至冲突（Foss et al.，2017），未能被学界所接受。从商业模式创新角度研究百货店发展模式的成果较少，而且研究百货店商业模式的文献主要是将服务创新作为研究商业模式创新的主要内容，未涉及商品创新，并将百货店经营方式差异的影响因素归结为品牌供应商的规模。因此，面对电商平台等各类新型流通企业的冲击，百货店企业如何通过商业模式创新扭转窘境，已成为当前百货业发展的重要任务。

本章以商业模式创新理论为理论基础，借鉴 Wermer 和 Kuma（1999）提出的零售绩效影响要素以及 Amit 和 Zott（2012）提出的价值创造机制，将百货店绩效的四个要素按照商业模式创新要素的三个层次进行分解和重构，提炼出“百货店绩效影响要素—零售业态商业模式创新机制—绩效提升”的理论分析框架，探讨百货店企业是如何通过顾客创新、业务流程创新和资源配置创新活动，实现价值增值，最终实现绩效提升。

第三节 日本百货店商业模式创新转型分析

一、研究设计

(一)方法与案例选择

1.方法选择

第一,借鉴“历史性案例分析”方法(Yin,2003),以专著、论文和其他渠道的统计数据为主要数据来源,对多种来源的信息加以梳理,总结出百货店业态创新的过程,揭示零售商业模式创新的路径机制。第二,以案例分析为基础,通过分析日本百货店的商业模式创新,抽象化理论概念并建构理论假设。第三,因为需要剖析不同百货店的创新内容和创新路径,所以研究团队选择对大丸百货、高岛屋等日本头部百货店的商业模式创新方法进行分析,从而清晰揭示百货店商业模式价值创造路径及企业绩效改善轨迹。

2.案例选择

为使所选案例具有代表性和启发性,经过深入分析和论证,本书以日本百货店作为研究对象,主要原因如下:(1)日本百货店作为零售业的代表,经历了经济高速增长到经济衰退的不同时期的内外部环境变化,始终占据零售业主导地位,商业模式创新是其保持长期竞争力的利器,分析其商业模式创新方式和创新路径具有较强说服力和可借鉴性。(2)20 世纪 90 年代,日本经济进入转型期,百货店面临消费者需求变化、新业态出现等情况,导致业绩下滑,为摆脱经营困境,以大丸百货、高岛屋为首的头部百货店企业进行商业模式创新，经过不到 10 年时间便实现成功转型，店铺营收和利润率双双上升，其经营创新内容和路径清晰可见，故适合从商业模式演化的视角，分析企业商业模式创新改善企业绩效的路径演变过程。(3)日本百货店业态创新的转型路径对我国当前的百货店转型具有参考和借鉴意义，对其进行商业模式创新具有一定启示。(4)笔者拥有长期在日本学习和工作的经历，一直从事百货店转型研究并具有在零售商工作的经验，因此积累了大量研究素材，可以保证本书资料及数据的可获得性及可靠性。

（二）案例概况

百货店在日本被视为现代城市文明的象征之一，受到民众的高度认可，被视为摩登生活的代表。作为都市生活必不可少的组成部分，日本百货店的顾客信赖度明显高于其他零售店(藤岡里圭，2013)。从 1904 年三越百货发表"百货店宣言"标志着日本百货店业态的正式出现，到 20 世纪 90 年代经济泡沫破裂，在如此长的时间里，百货店一直是日本零售业主导业态，其销售额增长率始终高于同期零售业整体增速。这一现象直到 1998 年才结束，其间经历了日本经济高速增长时期和衰退时期。除去二战时期，其他时期日本百货店业绩和卖场面积一直持续增长(石原武政　等，2004)，在国内外市场上具有重要地位。

20 世纪 90 年代以后，日本经济进入转型期，人口老龄化加剧，百货店、超市、专卖店及便利店都面临着增长放缓乃至下降局面(田村正纪，2014)。针对经营困境，以大丸、高岛屋、伊势丹为代表的大型百货企业进行商业模式创新。以信息技术为核心，对价值链进行重构，改变企业伙伴关系与合作方式，以创新资源互补提升企业价值创造能力，为顾客提供更多价值，使百货店绩效逐步回升，并且重回业态领导地位。以大丸百货为例，销售额由

2001年的4064.77亿日元(约合人民币259亿[①])升至2008年的4821.41亿日元(约合人民币307亿),销售额增长18.6%,利润率由同期的0.8%升至2008年的4.4%,实现营收和利润率的双提高。2010年以后,在札幌车站、京都车站、名古屋车站、大阪梅田车站等人流聚集地陆续有百货店开设新店,业态规模再次扩张(矢作敏行,2011)。2018年,大丸百货营业收入达到11251亿日元[②](约合人民币716亿),位居日本零售业前10名。目前,以伊势丹、高岛屋、大丸、三越和丸井为首的前五大百货店,依托各自的经营优势,以精准的目标市场定位,形成错位经营、多层次、多类型的经营服务网络(石原武政 等,2004),仍然是日本零售业稳步增长的主导力量。

虽然日本百货店陷入低迷的原因与经济环境、人口老龄化以及由此产生的消费需求变化密切相关,而且百货店的转型发展目前仍在继续,但是当时日本百货店面临消费者选择变化、其他业态挤占百货店份额等的境况(田村正纪,2014),与我国当前消费者分化、多业态冲击传统实体百货店业态有相似之处,并且我国百货店经营方式和卖场布局等均是向日本学习的,饱受争议的联营制模式也是从日本"取经"而来的。因此,深入剖析日本百货店商业模式创新路径,探讨其价值再造、价值重构和价值增值过程,对当前我国实体百货店企业转型具有积极的启示和借鉴意义,并具有一定的理论价值。

(三)数据的收集与处理

1.数据收集

主要数据来源包括三个方面。一是研究文献,利用WILEY、JOSTOR、SCINECEDIRECT和中国知网(CNKI)等数据库,搜集整理与零

---

① 根据中国银行2019年7月20日的外汇汇率"1元人民币=15日元"折算,下同。

② 数据来自日本大丸百货官方网站:https://www.daimaru-matsuzakaya.com/announce.html。

售业态创新和商业模式创新相关的理论文章，以获得提炼案例素材的视角及相关研究结论。二是与专家访谈获取第三方评价资料。2018 年 7—11 月，笔者在日本对日本商业学会会长、神户大学流通专家高嶋克義教授以及神户大学流通专家関隆教副教授进行了 3 次集中访谈，了解日本百货店运营及转型情况，形成的录音文件总时长约 400 分钟，提取的日语文本约 8 万字。三是行业文献，收集大量行业协会数据、企业史料及相关论文资料，如表 9-1 所示，力图全面客观地了解日本百货业发展运行轨迹。

表 9-1 案例主要行业文献资料来源

资料类型	资料来源
企业史	《高岛屋 135 年史》《大丸 250 年史》《三越》
研究专著	江尻宏(2003)；石原武政、矢作敏行(2004)；田村正纪(2014)；矢作敏行(2011)
论文	前田和利(1999)；木绵良行(2003)；藤岡里圭(2013)；渡边林治(2009)等
统计数据	日本经济产业省商业动态统计数据、日本百货店协会统计数据
第三方评价资料	访谈日本商业学会会长、神户大学流通专家高嶋克義教授，神户大学流通专家関隆教副教授

资料来源：作者整理。

2.数据处理

研究团队遵循案例研究的方法与过程(Eisenhardt，1989)，进行数据处理。第一，每次访谈后，第一时间整理访谈记录，并找出不明确或不清楚的问题，确定下一次的访谈问题及要点。第二，将每次收集到的访谈记录、历史资料和实地调研资料进行整合，强化证据之间的相互印证关系，遴选出与研究主题相关的内容，并归纳提炼出要点，使各要点与理论假设之间建立联系。第三，遵循问题导向、“三角验证”，避免主观判断，在无任何事前假设、理论结论的前提下，经多次讨论，确定研究主题，并通过相关理论分析进行验证，得出研究结论。

根据文献综述和本章提炼的“百货店绩效影响要素—零售业态商业模式创新过程及机制—绩效提升”的理论框架，本章从面向顾客创新（商品创新、服务创新、选址创新）、流程创新（门店业务创新、优化供应链管理）以及资源创新（信息系统创新和数据应用创新）这三个维度、七个子构念出发进行证据事例整理，关键证据描述分析详见表9-2。

表9-2 日本百货店商业模式创新的主要内容及证据描述

商业模式创新维度	主要构念	子构念	证据事例（典型援引）	证据出处
面向顾客创新	商品创新	女性品类增加	以家庭为主要目标的顾客群体向城郊移住，其一站式购物需求由郊外的购物中心来满足。城市中心的百货店的潜在客群逐渐变成了白天在市中心上班的人群。各百货店在大阪、梅田、东京的门店重新定位目标人群，以在市中心上班的女性白领为主要顾客群体，大幅提高时尚单品比例，增加女士服饰、化妆品、杂货等品类的卖场面积，缩小甚至废止书籍、唱片、家电、家具等品类的卖场面积	田村正紀，《業態の盛衰》，2014，第210页
		商品高端化	百货店之间竞争持续升级，为与主打低价的超市进行差异化竞争，百货店开始大力引进欧美的高端品牌，走高端化发展路线	藤岡里圭，《高度成長期における百貨店の高級化と特選ブランドの役割》，2013，第104页
		品类年轻化	大丸心斋桥百货店针对喜爱逛街的主要群体，在北馆中增设了以18～34岁的年轻女性为核心目标群体的“ufufu女孩”卖场，引入从未与百货店有过交易的新品牌商的新商品，满足年轻女孩的消费需求	高嶋克義教授访谈，2018年7月

续表

商业模式创新维度	主要构念	子构念	证据事例（典型援引）	证据出处
面向顾客创新	服务创新	文化展	文化活动能够吸引顾客、促进销售，其内容丰富，形式多样，包含各类外国文化展、艺术展、国宝展、学术展、产业展以及为了与区域居民交流而举行的手工艺品展和儿童画展等	木绵良行，《わが国の百貨店の歴史の経緯とその評価》，2003，第173页
		提高卖场服务水平	2007年高岛屋确立了增强待客服务水平的经营方针，各门店配置支援顾客购物的导购	渡辺林治，《大規模小売企業の成長と内外部要因の検討》，2009，第62页
		增设休闲娱乐空间	阪急梅田百货店重新装修后，将第九层的所有空间都设计成娱乐休闲空间，包括举办展览会的场所、阪急梅田剧院、阪急梅田画廊、艺术舞台等4个功能区域，其中，艺术舞台吸引了众多年轻人在此举行各种艺术集会和交流	高嶋克義教授访谈，2018年9月
	选址创新	都市选址	近年，札幌车站的大丸百货店、京都车站的京都伊势丹店、名古屋车站的名古屋高岛屋店等大都市圈的主要候车厅大楼的百货店都取得了较好的业绩，这是交通便利为顾客提供价值的结果	矢作敏行，《日本の優秀小売企業の底力》，2011，第313页
		关停中小城市门店	近年来，百货店逐渐从中小城市向大都市市场转移，销售以女性为主要目标客户群体的时尚商品，与之前在全国各城市开店、销售所有商品相比有很大改变	田村正紀，《業態の盛衰》，2014，第187页
流程创新	门店业务创新	卖场分类管理	根据待客类型、卖场分类、待客水平等进行分类，百货店卖场可分为以下4类：美术品、和服、定制商品等需花费较多时间服务顾客的咨询型卖场；男士服装、女士服装等需要导购面对面服务的卖场；手帕、家庭用品等只在需要服务的时候由正式员工接待的卖场；商品包装等临时员工承担的自助服务卖场。在此基础上，除了自助服务卖场，其他卖场又细分为18种卖场类型	矢作敏行，《日本の優秀小売企業の底力》，2011，第296页

续表

商业模式创新维度	主要构念	子构念	证据事例（典型援引）	证据出处
流程创新	门店业务创新	编纂业务流程手册	根据联营或自营的卖场运营形态、卖场待客分类，以及各类别的卖场待客水平、运营知识、利益管理等决策要素整理后形成工作手册，即《卖场业务规范工作手册》《待客销售标准手册》，这两本手册中记载了商品经营计划、销售计划、计划调整、热销商品的识别、与供应商的交涉等零售技能知识。由于有了这两本工作手册，刚入职场的新员工按照工作手册也能完成基本的工作要求	矢作敏行，《日本の優秀小売企業の底力》，2011，第300页
		卖场价值创造与标准化程度	门店业务属于业务高效运营的环节，根据是否直接产生附加价值，可分为三种业务流程：待客、货品补充、商品修理等能直接产生利益的高附加价值业务流程；收银结账、卖场用品配置等无法直接产生附加价值，以最小成本完成的低附加价值业务流程；销售报表统计、进货票据整理、订货业务等与顾客无直接关系的非附加价值业务流程。 低附加价值和非附加价值的业务流程彻底标准化，并由后台的临时员工集中处理，高附加价值的业务流程则由正式员工专门应对。这样企业可以准确掌握员工在岗数量，便于合理安排临时员工、正式员工等各类员工的工作	矢作敏行，《日本の優秀小売企業の底力》，2011，第301页
	优化供应链管理	零供业务协同	百货店着手优化从生产到销售的供应链管理。高岛屋与樫山服装公司形成供应链协同合作，高岛屋根据不同品类商品销售变动情况预测商品销量需求，然后以SKU为单位向樫山服装公司下生产订单，以周为单位调整需求计划，根据实际销售情况追加补货，避免了热销品断货和滞销品积压的经营风险，从而很好地把控了补货能力和上新速度。大丸百货与服装品牌商world，伊势丹、阪急百货与服装品牌商东京style公司进行了类似的供应链整合	周嵩，《百貨店のSCM導入に関する考察》，2004，第63页
		零供数据共享	百货店在供应链优化管理中开发IT技术，用以收集、整理商品企划、需求预测等相关数据。各服装品牌商可接入百货店的信息系统端口，将各品牌SKU的订货预测、销售业绩等信息与百货店共享，并将积累的数据信息应用到品牌商生产计划中	周嵩，《百貨店のSCM導入に関する考察》，2004，第73页

续表

商业模式创新维度	主要构念	子构念	证据事例（典型援引）	证据出处
资源创新	信息系统创新	业务系统更新	大丸百货于2002年投资5亿日元，替换2000台POS机，更换原来的商品条形码，导入单品分析的新商品经营系统	矢作敏行，《日本の優秀小売企業の底力》，2011，第307页
		顾客系统更新	为配合业务系统更新，大丸百货于2003年导入新的顾客信息系统	矢作敏行，《日本の優秀小売企業の底力》，2011，第310页
	数据应用创新	数据融合	根据新导入的IT系统，员工能够分析品牌、款式等细分维度的日、周、月的销售额、库存情况等。原来依赖手工整理的数据分析工作得到飞跃性发展，其精度、速度得到提高，减轻了信息收集的负担。系统收集到的信息用于卖场内全体品牌的商品配置、陈列，热销滞销商品的识别，商品的采购，等等	関隆教副教授访谈，2018年9月
		自营—联营一体化	将百货店自行发行的信用卡、积分卡等注册的个人信息，以及新MD系统上积累的顾客购买信息相结合，用来掌握、管理、分析顾客购买行为全过程，对自营卖场、联营卖场进行集中经营指导的百货店专用的信息系统	高嶋克義教授访谈，2018年11月

注：限于篇幅，表格中只列示最有代表性的证据的中文译文，详细的日、中文信息证据从略，读者如有需要，可联系作者。

资料来源：作者整理。

二、案例分析与发现

通过对历史数据和访谈资料的详细分析，探究了日本百货店在选址、商品、服务、流程、资源创新方面的内容，这一方面丰富了百货店商业模式创新理论，另一方面也证明了案例选择的恰当性，进而能够针对所研究的问题获得一些有价值的发现。

（一）消费需求变化引发商业模式要素连锁创新

根据对日本百货店历史资料的分析和访谈结果，笔者认为有以下两点值得注意。一是经济进入转型期后，主力顾客群体——家庭型顾客转向大卖场消费，导致位于中小城市和郊外购物中心的百货门店亏损严重，而位于东京、大阪、京都等三大城市的百货门店以及人口超过百万的札幌、仙台、广岛、福冈等大都市的百货门店依然“坚挺”，因此大丸百货、伊势丹百货等企业迅速关闭所处商圈的人口在100万以下、卖场面积在2万平方米以下的地方百货门店和都市近郊的百货门店。二是在都市中心的百货门店的销售收入结构中，女性用品销售收入所占比重迅速增长，以家庭为对象的品类的销售收入迅速萎缩。

基于上述两点，可以看出百货店的消费群体需求发生了转移，传统消费群体——城市中产阶级家庭的消费选择发生变化，与百货店所提供的商品和服务的匹配度下降，而在大都市工作的年轻女性消费者快速崛起，成为百货店的潜在目标市场。女性经济能力的提升、独立意识的增强以及社会观念的变化，使女性消费者取代中产阶级家庭成为百货店的目标客户群体。

锁定新的目标顾客群体后，百货店根据顾客特点调整商品品类，更新服务功能，重新定义门店空间价值，改革业务流程，进而重新配置零供资源，由外至内进行一系列构成要素的解构和重构。在商业模式创新过程中，百货店作为新生活方式提案者的定位保持不变，始终保持高端定位，从而与其他零售业态区别开来。从其选址和商品选择范围的变化可以看出，顾客需求变化是零售创新的核心驱动力。

（二）顾客价值创新

消费者需求是零售商业模式创新的核心驱动力。因此零售商业模式创新的价值创造应该围绕目标消费群体展开，进而对价值内涵做出相应调整。日本百货店在目标消费群体从中产阶级家庭向都市年轻女性转变的过程中，将商品品类由综合性品类向女性用品转变，同时注重商品的新颖性、流行性和个性化，并赋予其文化休闲娱乐功能，拓展消费内容，运用场景化引导消费者参与价值创造过程，实现顾客价值增值。

为适应消费者需求变化，百货店从商品创新、服务创新、门店空间创新三个方面展开，增加价值供给，并在销售中辅以专门的生活场景，加强顾客参与感，为价值共创以及形成价值网络创造条件。

在商品创新过程中，改变价值供给方式，通过大幅调整商品品类，围绕年轻女性生活场景，以女性服饰、化妆品、食品、进口商品等为核心品类，并增加时尚、新颖的个性化商品，引入世界最新流行的国际大牌商品，满足女性购物综合性和多样性的特点，实现一站式购物，大大提高目标顾客价值。在服务创新方面，通过增加文化娱乐功能，将提升消费者体验作为价值创造内容，与顾客实现价值共创。2000 年以后，大丸百货、伊势丹以及高岛屋致力于为消费者打造生活、工作之外的第三空间，举办各类外国文化展、艺术展、国宝展、学术展、产业展、时装秀以及与社区居民增进交流的手工艺品展和儿童画展等活动，增添购物场所的文化氛围。在为消费者提供舒服愉快的购物环境时，赋予其享乐价值和便利价值等，提升购物体验，让渡更多顾客价值。

在门店空间创新方面，百货店迅速调整门店布局。根据业绩表现和人口流动趋势，关停中小城市和都市近郊的中小型门店，集中力量重新回归城市中心商业圈。不但在都市商业中心和车站连接点开发新店，为消费者提供购物和交通便利，满足消费者由于城市生活节奏加快而产生的需求，还对现有门店进行扩容，开设多家营业面积超过 6 万平方米的超级门店。比如，大丸百货在 2011 年对大阪梅田店进行扩容，卖场面积由 4 万平方米扩大到 6.4 万平方米，同时最大限度地融合百货与品牌专卖店资源，打造线下高品质生活平台，为商圈生活、工作的人群提供娱乐、休闲、社交、购物一体化的都市生活平台，使其成为都市生活不可缺少的内容。

通过上述分析结果可以看出，日本百货店在商业模式创新过程中将提升顾客体验作为增加顾客价值的主要目标，进而以场景化布局和增加服务功能引导顾客参与价值创造过程，从而留住顾客，实现价值创新。

(三)业务流程创新

业务流程是企业价值实现的载体，流程优化是商业模式创新的核心环节之一。日本百货店流程创新集中在以下两个方面。

一是门店业务流程标准化，以顾客价值为导向，优化和改善业务流程，提高流程的价值创造能力，增加对消费者的吸引力。百货店属于服务性企业，以人工现场服务为主，工作规范评判的主观性较强。为规范门店内各部门业务职责和业务流程，大丸百货进行了全方位标准化改革，针对自营和品牌联营卖场的不同类型的员工，通过《卖场业务规范工作手册》和《待客销售标准手册》进行业务标准化处理。对不同类型员工的职责明确划分，对业务内容和工作程序规范化，从而节省辅助业务的处理时间(比如退货处理、包装、仓库整理、报表制作等)，增加待客时间，以满足高价值的顾客需求。在大丸百货业务流程创新过程中，其应用现代信息技术，提高事务性、常规性业务的标准化程度，缩短员工事务性业务处理时间，将员工时间分配给高价值的待客工作。这并非单纯地缩减用人数量，而是以提升顾客价值为导向，通过流程再造，激发员工创造潜能，以改善企业价值创造能力，满足顾客需求。

二是优化供应链管理，以增强百货店商品差异化价值创造为目标，以提升顾客价值为导向，与供应商建立供应链管理机制(Peng et al.,1996)，形成快速反应体系，提高百货店周转效率。通过与生产企业信息共享，快速提供市场所需商品(王琴,2011)，提升差异化商品供给能力，获得价值增值。在实践中，高岛屋根据不同品类商品的销售变动情况预测商品销量需求，然后以 SKU 为单位向樫山服装公司下订单生产，根据实际销售情况按周进行补货或减少供货，避免断货和库存积压风险，很好地把控了补货能力和上新速度，降低库存成本，提升运营效率。高岛屋与樫山服装公司建立的供应链管理体系提高了百货店在商品价值创造过程中的地位(由从属向主导地位转变),并将顾客需求导入价值创造过程,提升价值创造能力(周嵩,2004),百货店企业流程创新过程如图 9-1 所示。

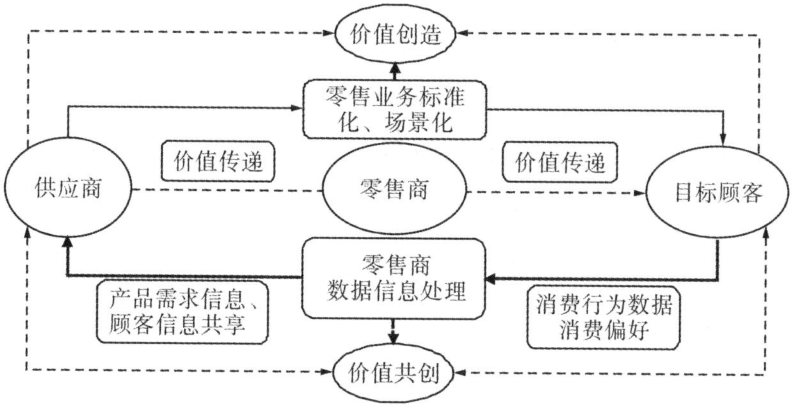

图 9-1　百货店企业流程创新过程示意图

图片来源:作者绘制。

(四)资源配置创新

资源整合是企业实现商业模式创新的核心要素。企业对内外资源的配置模式进行重构,改变价值主张、外部关系以及业务流程,并对价值创造方式产生直接影响,从而实现价值增值。百货店在资源创新过程中,以顾客导向为目标,增强百货店差异化、特色化价值创造和价值供给。主要通过构建信息技术系统,对自营和联营两种经营模式进行一体化管理,将资源聚焦在消费者信息收集与分析,一方面引导联营品牌商开发适销商品,另一方面对自营和联营商品品类进行统一调配,改变商品价值创造方式,提升商品差异化供给价值,实现价值增值。

下面以大丸百货为例来看百货店是如何进行资源配置创新的。首先,加强会员卡系统建设和管理,将不同状态的会员进行分类,分析会员客群的忠诚度变化。其次，通过 POS 机、智能终端等设备收集消费者购买行为数据，包括店铺类型、商品种类、数量、价格、优惠券使用、总金额、购买频次、购物时间等。最后，将会员 CRM 系统与 POS 系统数据进行整合，为品牌联营商提供数据支持，指导其及时开发商品，并运用单品管理制度及时补充热销商品，提升百货店商品组合的吸引力和新颖性。通过数据分析，百货店获得了对联营卖场中的主导权，更高程度地发挥联营的经营优势，使饱受诟病的联营模式焕发生机，成为百货店重获市场竞争优势的利器。由此，大丸百货店通过统筹管理自营和联营卖场，使联营比例由之前的 50%上升到 80%，实现营收和利润率双提高，销售额由 2001 年的 4064.77 亿日元上升到 2008 年的 4821.41 亿日元，大约增加 18.6%，利润率由 0.8%上升到 4.4%(矢作敏行，2011)。

通过上述案例分析可以发现，百货店企业在顾客价值导向下，以信息技术手段为支撑，整合内外部资源，改变价值创造方式，提升百货店差异化价值，实现价值增值(参见图 9-2)。

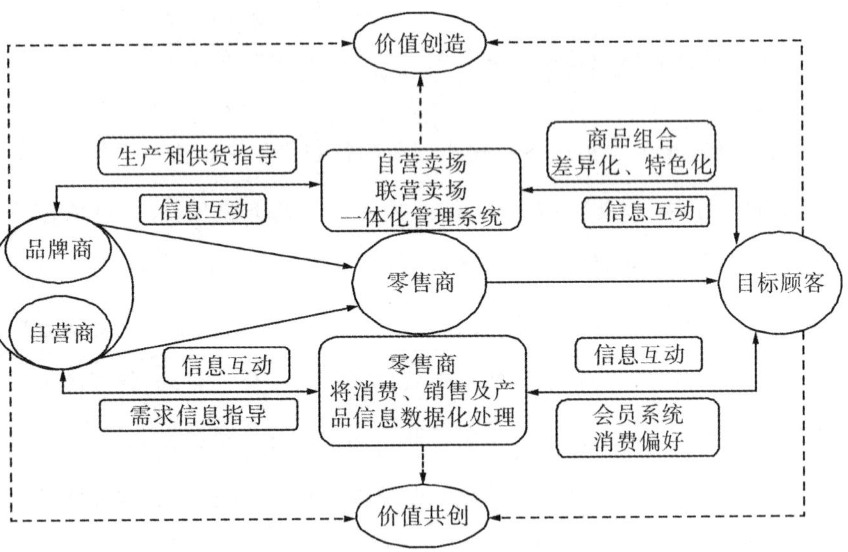

图 9-2　百货店企业资源配置创新过程示意图

图片来源：作者绘制。

（五）案例小结

从日本泡沫经济破裂后百货店的价值重构、再造、增值路径可以发现，商店特点、市场特征、消费者特征和市场竞争等四个零售商绩效影响因素改变时，支撑百货店成长的基础环境发生变化，导致百货店经营状态低迷，倒逼其进行商业模式创新以改善企业绩效。此次百货店商业模式创新涉及店铺选址、经营内容以及新技术应用等多个层面。

一是调整门店布局。根据业绩表现和人口流动趋势，将设立在人口100万以下的城市、卖场面积20000平方米以下的地方百货店和都市近郊的中小型百货店关闭，集中力量重新回归东京、大阪和京都等城市的中心商业圈。

二是全面调整百货店卖场。目标市场由家庭型消费者转向年轻女性消费者，为女性消费者提供一条龙服务，增加服务项目，并拓展休闲社交等服务功能，同时改造卖场布局，增强卖场人文氛围，改善消费体验。

三是改革业务流程。包括对各部门实行标准化流程，规范业务程序，提高工作效率，同时针对自营商品实行以百货店为核心的供应链管理，建立零供协同机制，提高补货能力和商品更新速度。

四是整合内外部资源，将顾客需求纳入资源创新过程，对顾客、商品、服务、业务等全流程进行数字化处理，并借助信息技术手段对自营和联营模式实行一体化管理，统一调配商品组合，形成差异化和特色化竞争优势。

五是加大IT信息系统投资和数字化应用。完善会员系统，运用信息技术分析消费行为数据，预测消费趋势，提升商品与顾客需求的匹配度。

基于上述案例分析可以发现，仅仅重新定位和调整商品品类是无法获得创新成果的，需同时对商品组合、服务功能、业务流程及资源配置进行协同创新，才能获取创新型增长。商业模式创新的核心是以大数据分析为纽带，通过对顾客、商品、服务及业务流程等经营全过程实施数字化处理，降低交易成本，提高管理运营能力，将百货店的顾客资源和零售技能与供应商的产品开发能力和品牌资源深度融合，创新百货店经营资源，借助数据分析手段实现自营、联营卖场统筹管理，创造高于单一卖场的价值，从而提升绩效。综上，面向顾客的零售要素个性化、差异化创新，业务流程标准化、数字化创新，以及零供资源数字化融合创新，共同形成日本百货店商业模式创新路径（见图 9-3）。

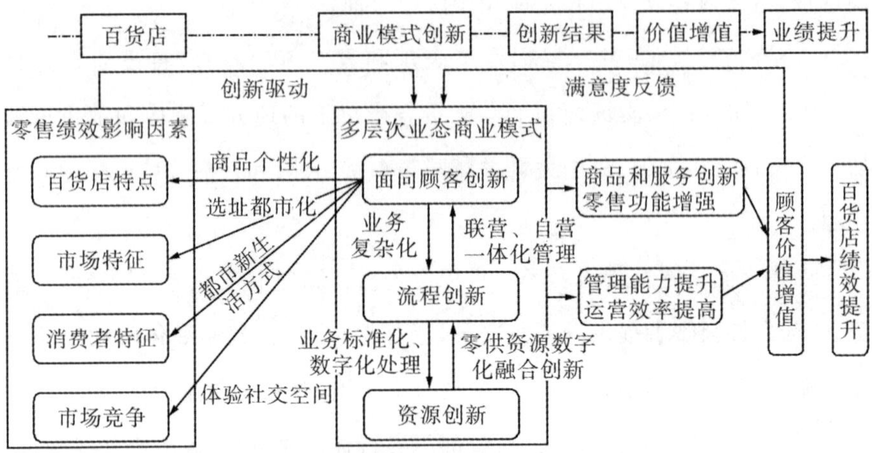

图 9-3 百货店业态商业模式创新转型路径

图片来源：作者绘制。

三、讨论与建议

（一）讨论

按照"绩效影响因素—商业模式创新机制—绩效提升"的理论分析框架，本章探讨了商业模式创新活动在产品价值创造、价值传递、价值增值和价值共创方面的作用。在此基础上，结合相关研究发现提出下列命题，然后讨论理论贡献和实践建议，最后指出研究局限性和进一步的研究方向。

1.商业模式创新与绩效影响要素实现系统性适配过程

商业模式创新能够提升企业绩效，本质上商业模式的价值创造体系与企业绩效影响要素是相互匹配且具有一致性的。当商店特点、市场特征、消费者特征和市场竞争这些零售商绩效影响因素改变时，原有商业模式价值创造体系与企业绩效影响要素出现偏离、错位，即内在一致性与外在一致性破裂，造成商品滞销、顾客流失等问题，使企业绩效降低，商业模式低效运转，甚至会导致企业负增长。比如，日本在经济高度发展时期建立的百货店商业模式，目标消费者是中产阶级家庭，走高端路线，与面向大众消费者的超市业态形成差异化竞争。但是，随着消费群体改变，现有的价值创造方式无法满足消费需求，从而引发商业模式价值重构、再造。价值创造内容并不是简单的商品品类调整，而是包括空间布局、业务流程、零供关系等多层次、由外到内的系统重塑。直至价值创造体系完成整体性重构后，与绩效影响要素重新匹配，形成价值增值路径，企业绩效才开始改善。

根据上述讨论，本章提出命题1。

命题1：商业模式创新促进企业绩效改善，是商品服务、业务流程、资源配置的多层次结构重塑以及绩效影响要素从偏离到再匹配的过程。具体包含调整商品品类、拓展门店空间功能、改善业务流程、赋能员工、重新配置资源等价值增值过程。

2.商业模式创新的价值创造机制：同时实现效率性与新颖性

我们发现，信息技术是商业模式同时实现效率性与新颖性的基础条件，要实现效率性和新颖性的双对机制需要做好互补性系统设计。具体包括如下四个方面。

(1)构建顾客资源与企业资源互补的价值共创体系。

为改善企业绩效，商业模式创新需要提供多样化、差异化商品以满足需求。百货店在降低顾客成本的基础上，对价值链上各步骤进行差异化改革，创新商品和服务，从而提高顾客价值，实现价值创造。随着消费主权地位的提升，价值创造的核心可能是由多个主体组成的价值网络而不是单个企业，顾客在价值创造中发挥关键作用，由消费价值转变为与企业共同创造价值。传统上零售商为顾客提供商品及相应的服务，顾客通过购物来使用和消费价值，与企业实现价值交换。随着顾客对购物场所体验性的需求提高，卖场不再只是与顾客价值交换的场所，还成为零售商、供应商与消费者进行信息沟通交流的场所(罗珉 等，2015)，即零售商提供的交易方式发生变化，购物场所由单纯的消费场所向休闲社交场所转变。因此，零售商在提供商品和服务的基础上，通过场景化布局，引导消费者参与商品设计、营销环节，加强顾客对企业运作的参与程度，实现企业与顾客的价值共创。在这一过程中，顾客资源成为企业价值创造的重要资源，是企业资源整合的重要组成部分，并成为企业获得市场优势的核心竞争力。由此，本章提出命题 2。

命题 2：以场景化布局和增加服务功能，引导顾客参与价值创造；百货店复合功能越强大，顾客参与程度越高，价值创造潜力越大。

(2)以数字化技术提高供应链管理水平，降低交易成本。

商品创新是百货店吸引顾客的核心价值创造活动。因此在创新过程中，百货店重建会员体系，并将顾客信息、消费行为和业务流程进行数字化处理。通过产销信息共享，提高合作伙伴供应链协同效率，引导供应商按需进行生产，降低其分销成本，精简库存，简化交易，实行产销一体化的柔性管理体系，提高企业动态适应快速变化的市场需求的能力。通过减少信息不对称，提高合作伙伴之间的协调程度，降低交易成本，实现价值共创，为各方带来价值增值。

降低交易成本会提高企业收益，提升企业价值创造能力。信息技术的高速发展，使信息处理成本大幅降低，企业运作方式与企业间交易机制发生深刻变化，也就是说，信息处理能力和信息资源治理机制激发价值创造。除了使企业、合作伙伴和顾客获得信息、市场和技术，信息共享和协作机制还使企业从运行系统及伙伴依存活动中获益，诸如可以缩短产品进入市场的时间，改善合作企业供应链协同效率，减少信息不对称，加快交易处理和订单履行等，提高交易效率，从而使价值链上的企业都受益，并以较低的交易成本实现价值增值。

零售商作为生产商与消费者之间的中间环节，其盈利模式是以尽可能低的价格从供应商处获得产品，并以合适的价格销售给顾客，赚取差价。因此在商业模式创新中，需以信息共享为核心建立供应链协同机制，通过信息技术管理改变产品供给方式，并使零售商参与企业生产的价值创造过程，提高零售商自身价值获取能力。在内部管理方面，通过流程再造，降低内部交易成本，提供更多顾客价值，实现价值增值。因此，本章提出命题 3 和命题 4。

命题 3：以信息技术为支撑，提升顾客价值为导向，通过流程再造，改善企业价值创造能力，满足顾客需求。

命题 4：以信息技术为支撑，提升供应链协同效率，将顾客纳入供应链协同体系，信息共享机制越完善，顾客价值传导效率越高，企业快速反应能力越强，价值创造能力越高。

(3)以信息数据系统为支撑提高卖场资源互补性，增强企业差异化竞争优势。

联营制一直被认为是造成百货店经营能力下降的主要原因，但是日本百货店通过加强数据一体化管理，以数据为媒介，将顾客、零售技能、供应商产品能力、品牌能力等零供双方资源深度融合，运用综合数据分析手段为所有卖场提供信息支持，实现自营和联营卖场统筹管理，引导卖场进行符合消费者需求的商品创新。通过资源互补性打破自营商品种类限制和资金成本约束，凸显联营制零供双方资源互补的优势，并形成百货店商品差异化特色。在这一过程中，百货店从信息聚合源进化为信息数据驱动企业，由承担信息传递角色进化到承担信息加工角色，并创造出更多附加价值来引导生产和促进消费。通过对顾客、产品、活动和业务流程数据的处理和分析，为供应商提供决策支持，实现卖场融合经营，从而为消费者创造购物、娱乐、休闲、社交等多方面价值,实现自营品牌商场所无法实现的价值创新。由此,本章提出命题5。

命题5:以信息数据系统为支撑,打破自营、联营边界,以数据资源驱动卖场融合经营,增强企业为顾客提供独特性价值的创造能力。

(4)零供资源互补创新。

创新需要资源的保障和有效协调。企业通过获取和配置有价值、稀缺、难以模仿和不可替代的战略性资源,有效促进能力重构,推动商业模式创新。企业资源观理论强调战略资源互补对价值创造的作用(Prahalad et al.,2000),即企业需要将内外部资源以及有形、无形资源进行整合,并与外部资源持有者开展合作,从而通过资源互补来增加企业收益,实现价值提升。

传统零供关系以竞合为主,零售商和供应商以各自在产业链中的地位和市场竞争力来实现价值分配,竞争关系往往大于合作,故而零供矛盾经常出现。在零售商业模式创新过程中,依托信息技术系统连接顾客、零售商和供应商,建立新型伙伴关系。将顾客纳入"共同创造价值网络"(罗珉 等,2015),使其能够借助信息分析手段进行"生产指导",使供应商为顾客提供定制化产品,实现总的价值增值。在这一过程中,零售商集中优势资源提高管理能力,并以外包形式来代替内部能力,与供应商实现资源互补性合作。利用信息资源优势改变供货产品价值,并通过卖场统筹管理,突出商品互补和组合优势,延伸卖场商品价值,以新颖性锁住顾客,激发零售商价值创造潜力,进而实现价值提升。

资源创新的核心是以资源互补为主要内容,以信息数据分析系统为支撑,对企业资源和能力进行重构,从而提升企业管理能力,提高企业商品价值差异化供给能力,进而提高价值总和。由此,本章提出命题6。

命题6:以数据信息分析系统为核心,提高资源整合能力;信息分析系统功能越强大,资源整合能力越强,资源创新所实现的价值增值越大。

综上，可将理论命题总结为：将百货店绩效的四个要素按照商业模式结构的三个层次进行分解和重构，通过顾客创新、流程创新和资源创新活动，实现企业价值增值，并创造更多顾客价值，最终实现业绩提升。

（二）理论贡献

本章主要有以下两方面可能的理论贡献。

第一，大量有关商业模式创新的研究探讨、提炼并总结了企业设计、调整和创新商业模式的过程（Andries et al.，2013；Snihur et al.，2018），研究结果有助于丰富对商业模式创新特征及其影响因素的认识，但并不能解释为什么仅有少数新商业模式能使企业在竞争中获胜而大多数新商业模式却以失败告终的事实（Ansari et al.，2016）。本章将绩效影响要素融入商业模式多层次结构创新，详细描述了商业模式创新过程中价值再造、价值增值的路径过程和因果逻辑，揭示了隐含在价值创造体系中的价值增值机理。

第二，目前大多数学者认同基于商业模式创新的效率性或新颖性的分析框架（Zott，2010），但缺乏细致考察效率性和新颖性同时实现的逻辑及其作用关系的研究（Wirtz et al.，2016）。本章分析了价值创造机制中效率性与新颖性的共创机制，即以信息技术为基础，顾客、企业、零供三个界面两两交互的互补性系统设计，能够促进商业模式效率性和新颖性的提高，使企业创造更多顾客价值。从资源观的视角出发来看（Wernerfelt，1984；Amit et al.，1993），企业所整合的资源以及企业的能力组合越丰富，将越难被模仿，越难被替代，企业价值创造能力也越强。

第四节　我国百货店实现转型发展的对策建议

面对我国百货店整体经营状况不佳的现象，政府有关部门出台多项措施促进百货店转型和创新。学者们对百货店转型发展也提出诸多建议，比如回归传统自营模式、拓展自有品牌、多业态经营等，尤其是跨界合作、线上线下融合发展等可以成为百货店转型发展的主要方向。本章通过对日本百货店商业模式创新路径的分析，结合我国百货店的发展现状，对百货店商业模式创新提出以下对策建议。

一、提升商品和服务供给能力，拓展百货店功能定位

作为传统零售业态，百货店在与购物中心、大卖场以及各类电商平台的竞争中处于弱势，但是百货店在为顾客提供现场服务方面，如购物体验、品牌推介等，具有其他业态无法比拟的优势。因此，百货店的核心竞争力在于为消费者提供高品质的商品和服务，这也是目前阿里巴巴等大型电商平台企业纷纷与线下零售商融合的根本原因。我国百货店在转型过程中，应借鉴日本百货店的方法，保持自身在零售市场的中高端定位，坚持作为消费者展示生活态度和生活方式的载体，向消费者提供高品质商品和服务，由购物场所转向娱乐、休闲、社交、购物一体化体验空间，将重点放在丰富消费者的生活方式上。具体做法如下：一是将卖场作为与消费者共有的场所进行设计，使之成为消费者继家、工作场所之外的第三空间，赋予百货店文化传播功能，传递优质丰富的生活方式，成为高品质生活的示范者。二是与线上企业合作发展，提供线上线下多渠道的购物便利和综合服务。百货店可以作

为连接消费者的入口，使消费者在娱乐休闲和社交之余顺便购物，而购物不仅限在实体卖场完成，更多通过线上渠道来实现，重在为消费者提供全方位、多层次的服务内容和便利。

二、由联而不营向融合经营转变，实现商品组合差异化竞争优势

长期以来，联营制被认为是百货店经营能力下降的主要原因，为诸多学者所批评。本研究通过对日本百货店的案例进行分析，发现其联营商品比例不降反升，由之前占商品总数的50％上升到80％（矢作敏行，2011）。原因在于：一是加大自营比例将会增加百货店资金成本，这是利润本已下降的百货店难以承受的，而且自营商品过多也会使其面临更大的库存风险；二是采用信息技术手段能够更好地管理联营卖场，使其与自营商品卖场同样进行商品上新和补货管理，从而真正实现品牌商与零售商二者的资源互补以及“1＋1＞2”的效果。百货店作为消费者行为及各类业务数据的信息聚合地，以信息数据分析系统为支撑，对商场全部商品进行组合与搭配，与所有联营品牌商和自营商品对接，一方面将信息反馈给供应商，让其备货及调整商品上新频率，另一方面指导联营品牌商开发设计新产品。通过对自营与联营卖场的统筹管理，百货店不仅节省了资金成本支出，降低了库存占积风险，而且优化了商品组合，突出了百货店自身特色，并逐渐形成竞争优势。

三、业务流程标准化、模块化，提高百货店运营效率

百货店属于服务型企业，其服务形式主要是人工现场提供服务，但对服务工作进行客观评价较为困难，加之我国百货业人均坪效一直不高，也增加了运营成本。而日本百货店在商业模式创新过程中，对卖场业务流程进行标准化改造，显著提高了工作效率。因此，建议我国百货店对业务流程和工

作内容进行标准化改革，针对不同类型员工工作职责和工作内容进行规范化操作，对不同工种业务流程实行模块化管理，加强监督，从而提高卖场工作效率。这既是企业进行价值创造的内功所在，也是百货店提高自身竞争力、向现代化企业迈进的重要课题。

四、与制造商深度融合创新产品供给，实现定制化生产

由于我国百货店企业普遍规模偏小，与制造商之间尚未形成深度融合机制，基本上无法指导或者干预生产，导致名牌商品制造商在与百货店合作过程中处于强势地位，对所有百货店供应相同的商品，导致百货店缺乏自身特色。尽管近年来以天猫为代表的大型电商平台企业向制造领域延伸，生产定制化商品，但还处于起步阶段。我国百货店应在整合供需信息的基础上，将顾客需求信息转化为其对特定产品的需要，进而通过供应链协同方式介入生产过程，以制造合伙人的身份指导生产，促使制造商为不同百货店生产定制款产品，提升百货店在商品产业链中的地位，使各百货店逐渐确立自身的差异化和特色化优势。通过供应链管理，一方面可以引导制造业提高制造技术和设计能力，推动产品创新；另一方面可以建立消费需求快速反应体系，更好地满足消费需求，提升消费者的消费品质。

第五节　研究结论与启示

本章将零售绩效分析理论与多层次商业模式相结合，首次在针对百货店的研究中将绩效影响因素应用到商业模式创新的分析中，从而清晰地揭示了零售创新中价值重构、价值创造和价值共创的增值过程。此外还揭示

了零售商业模式创新过程中同时实现效率性和新颖性的价值创造机制，即以现代信息技术为基础，将顾客价值主张与百货店创新过程相融合，通过流程再造和资源创新要素进行重构，构建顾客、企业、供应商两两交互的互补机制，形成价值共创体系。相关研究发现丰富了有关商业模式创新的研究内容，填补了现有研究的空白。

本章主要采用企业发展史和公司年鉴等二手资料进行案例研究，虽然有同日本专家的访谈为案例企业情况进行佐证，并且现有资料可以支撑研究需要，但由于缺少对案例企业直接的访谈内容，导致在案例研究过程中无法按照规范的做法进行资料编码，使研究存在些许不足。未来，将对相关百货店进行实地调研和访谈，从高管视角、系统视角研究百货店商业模式创新路径，从而提炼出日本百货店商业模式创新的理论逻辑。在此基础上，通过对我国百货店商业模式创新内容、方式和路径进行深入研究，结合有关日本百货店的研究成果，提出具有普遍性的理论命题，并从具体的案例研究出发，探索具有广泛意义的平台经济背景下实体平台型企业商业模式创新的理论内涵。

组织与关系篇

第十章 零售商业模式创新与组织结构改革

前篇通过三个不同的案例，研究了平台参与下零售商业模式创新中的内涵创新、机制创新与动态能力的相互关系，指出了商业模式创新中的内涵创新、机制创新、动态能力是相辅相成、相互促进的，这是商业模式创新的必要基础。但是商业模式创新面临的状况更加广泛且复杂，比如，已与旧有的商业模式相匹配的组织惯例、组织结构、组织模式等与创新后的商业模式相冲突，无法支撑新商业模式的运行，企业需尽早改革现有的组织结构(Khanagha et al.,2014)或者为新商业模式匹配独立运行的商业单元(autonomous business unit)(Kim et al.,2015)，以降低冲突性组织结构对商业模式创新绩效的负面影响(汤新慧 等,2022)。

近年来我国诸多零售商依托平台赋能，通过商业模式创新已逐渐实现对用户行为、商品采购、场景售卖、物流配送、交易支付等相关环节的数字化改造(李飞 等,2018)。但我国仍有许多零售商商业模式创新成效不尽人意，虽有资金缺乏、战略模糊等问题，但究其本质是企业组织结构没有及时跟随数字平台创新特征而作相应的变革，导致企业管理无法应对多项新职能的出现，无法适应工业经济时代的层级组织结构，逐级反馈、逐级解决问题使企业缺乏市场响应的敏捷性(张弛 等,2019)，组织“刚性”突显，损害了零售商业模式创新成效，极大地约束了实体零售商的创新转型。本章基于现代组织变革理论，探讨零售商组织应如何创新，才能满足平台经济这一新增长方式下的企业管理需求，以支撑零售商从传统零售到数字零售的“关键一跃”。

第一节　文献回顾

一、现代层级组织结构研究

组织作为管理中最为重要的维度，为有效、有序实现企业战略目标提供了关系架构、信息系统、运行规范和资源集合（罗仲伟 等，2017）。管理层级制是现代组织结构的核心特征，泰勒的科学管理理论提出的"职能工长制"、法约尔的一般管理理论提出的"直线职能制"以及韦伯的行政组织理论提出的"科层制"奠定了"机械层级制"组织结构的基础（李方勇，2010）。这种层级制组织结构能高效率地大规模动员和集聚生产要素，协调按照传统分工原理而产生的复杂的生产过程，满足了工业社会中大规模生产的组织要求，大幅度提高了人类社会生产力（罗仲伟 等，2017）。

现代企业主要采用三种基本层级制组织结构：以权力集中为特征的职能垂直型结构，即U形组织结构；控股公司结构，即H形组织结构；以企业总部和分公司之间的分权为特征的多部门结构，又称事业部制，即M形组织结构（李方勇，2010）。实践中，企业根据市场环境变化、经营规模扩张、战略多样化、资源积累、信息负荷等因素（Galbraith，1974），在U形、H形、M形三种基本组织结构上，不断演进、优化出超事业部型、矩阵型、混合型等多种新型组织结构模式，但是组织结构演进、优化的核心依然是基于机械式设计的"层级制"。

组织内部关系和组织外部关系构成了组织的关系架构，组织成员的岗位关系与权力分配序列是组织主要的内部关系，与外部上下游企业之间的合作、互补抑或对抗是组织的外部关系(张弛 等,2019)。企业基于层级制组织机构,通过对组织内外部关系以及与权力匹配的调整、重组,有效、有序地协调企业内外部各类生产关系,匹配工业经济时代缓慢变动情境下规模化、标准化的生产技术特征(罗仲伟 等,2017)。

伴随平台经济时代的到来,平台数字技术改变了人与人、人与物之间的连接方式,降低了信息不对称程度,改变了信息的搜寻与匹配范式,引发企业内部与外部的组织性质发生重大改变(孟方琳 等,2020),组织边界趋向模糊,由上而下的决策系统以及指令执行令企业越来越难以有效、快速、柔性响应高度不确定的外部市场环境,现代企业层级组织结构已成为企业发展的桎梏。跟上平台经济发展步伐,揭示数字技术的要求、特征和原理,创新企业组织结构(张弛 等,2019),已经成为平台经济时代极其重要的管理课题。

二、现代零售组织结构研究

工业革命之后,零售业完成了"百货革命"。超级市场、购物中心、便利店、专卖店等连锁型业态相继崛起(李飞 等,2018),出现了"总部+分店"的现代零售组织结构。采购和销售是零售商最基本的业务内容(Fairhurst et al.,1990)。总部负责采购,门店负责销售是零售业天然的职能分工,由此形成了采购部门和门店运营部门两大基本的职能部门。总部设立采购部门,负责组织货源、发掘供应商,拥有与供应商的交涉议价能力,把控整个公司的商品采购品种、采购数量、采购质量等。门店则在总部的指挥下,做好商品销售、货品陈列、顾客服务等工作。随着门店数不断增加和市场分散化,基于有限合理性的约束,总部加设地区分公司、督导团队等,通过分权赋予低层级部门灵活处理业务的权力,从而形成业务上的多层级组织结构。

由于零售商销售的商品种类繁多,与供应商之间的关系是零售商重要的组织外部关系(Aastrup,2007)。根据零供双方资源禀赋的重要程度和替代资源的可获得性，零供双方对资源的获取、利用、互补、整合过程中的零供组织关系模式主要有两种："基于渠道权力讨价还价"的关系模式和"基于协作解决问题"的关系模式（Humphreys et al.，2001；汪旭晖，2009）。在"基于渠道权利讨价还价"的关系模式下，零售商通过拥有销售能力、顾客关系等对供应商而言具有不可替代性的资源，向供应商收取进场费、通道费、促销服务费、渠道服务费、网络服务费等名目繁多的费用，向供应商转移经营成本，压榨供应商利润，最终损害供应链整体利润。而在"基于协作解决问题"的关系模式下，零售商通过双方的资源互补，优化零供间的交易流程，降低供应链成本，提高库存周转率，实现双赢而非简单的成本转移。可见，"协作解决问题"较之"渠道权力的讨价还价"更有利于通过资源整合成功实现创新，零供协作关系模式是目前业界的发展共识（Scheer et al.，2015）。

综上，如图 10-1 所示，组织内部"总部＋分店"的层级结构和组织外部的"零供协作关系"已成为现代实体零售商具有代表性的组织结构模式。

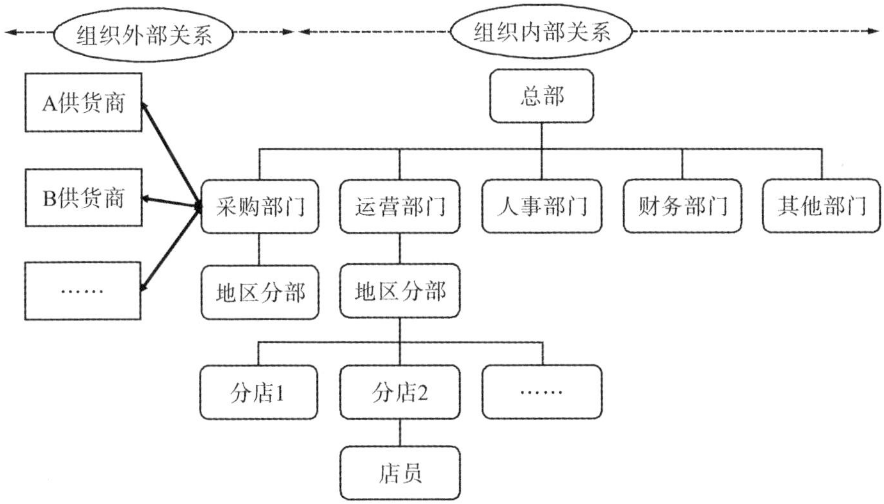

图 10-1　现代实体零售商具有代表性的组织结构示意图

图片来源：作者绘制。

第二节　平台经济背景下零售商组织结构面临的挑战

一、组织数据处理负担加重

随着与平台企业的跨界深度合作,零售商商业模式逐步进行数字化转型,数据成为关键生产要素,是企业重构资源配置、获取市场竞争优势的基础。由于数字化技术手段可以实时刻录几乎所有存在物的痕迹,数据生产主体泛化,数据来源泛化,数据体量呈爆炸式增长(李文莲 等,2013)。数据中不仅包含了购买数据、商品数据、物流信息等规范化、结构化的数据,也包含了网络评价、搜索索引、客服记录、视频等非结构化数据,海量数据增加了零售商的数据处理负担,而未经处理的数据本身带有很强的"噪音"干扰成分,企业处理能力不足反而会使数据膨胀,抑制数据价值的发挥(谢莉娟 等,2019)。实体零售商需不断增强组织的数据处理能力:构建数据池,强化数据收集、分析和应用,排除数据误差,从海量数据中洞察消费变化,为经营管理提供有效的决策支持。而如何通过对数据的收集、组织、选择、合成和分配挖掘数据价值,是零售商的数据处理部门需考虑的核心问题。

二、传统层级结构"刚性"突显

一方面,传统零售商的总部并不直接与消费者进行交互,门店是其接触消费者的主要入口(郑斌斌,2019)。但是随着零售数字化转型,门店不再是直接接触消费者的唯一入口，总部能从手机 App、官网及其他社交媒体等诸多渠道与消费者直接交互，积累顾客数据，洞察消费需求，通过数据挖掘向消费者精准推送营销方案。总部数字化处理能力持续增强，功能日趋强大，消除层级、高度集中管理成为可能。

另一方面，平台经济时代零售商可采取纵横两条线的全域营销策略。横向上，在社交平台、视频网站、电商平台等各种平台载体上，采用直播、图文和短视频等多种形式展示商品。纵向上，分解销售过程，“切割”成上市前试销、上市前预热、首发上市、上市后的续销等碎片化销售节点（王强　等，2019）。零售数字化转型改变了传统的“先买后卖”的销售模式，转向“边买边卖”的碎片化销售模式，甚至“先卖后买”的预售模式。销售碎片化、异步销售、“修订式”的销售使企业管理的复杂性大大增加，组织决策日益困难，按照传统分工原理建立的组织层级结构对市场响应的敏捷程度有限，其“刚性”突显。可见，平台经济情境下出现了总部高度集权的可能性和组织敏捷性的双重管理需求，线性组织层级结构已然无法满足企业数字化转型下的双重管理需求。

三、零供协作模式亟待迭代升级

平台经济背景下，零供协作关系模式面临瓶颈。拥有无限细分可能的个性化市场和长尾市场的出现，使得零供协作面临两个深层次的变革要求：第一，销售过程被切割成多个销售节点，在这个过程中，零供双方需要从产品研发开始就深度合作，共同对产品试错、纠偏、优化，形成基于产品合作的“一荣俱荣、一损俱损”的共生情况，在产品推向市场的过程中，零售商提供数据洞察角色，将数据提供给供应商，也要求供应商的供货具有专属性、时效性等，按需定制产品并及时供货（依绍华　等，2019）。第二，线上线下的全渠道零售对物流要求高，零售商接受消费者的订单并提交给供应商，供应商直接发货,可提高产品销售速度,在此情况下,零供双方的囤货资源共享,库存信息实时交互,双方经由信息连接变得更加共生一体化。在长期的资源互补过程中,传统的零供协作模式中的零供双方通过学习、吸收和消化,都获得了能力的提升,进一步地,借助平台数字技术,零供双方都能与顾客直接接触,实现价值创造和传递。比如,供应商线下专卖店、线上网店的兴起削弱了零售商的交易功能属性,蚕食了零售商的市场份额。鉴于此,零供协作模式有必要升级迭代,零供双方需克服零供协作中的竞争因素,在产品研发、物流库存等多个方面形成共生关系,才能实现零售全链路的深度融合。

总之,平台参与下的零售商业模式创新表现出了数字技术带来的组织管理上的新变化,若零售商不能创造出把新旧职能有效结合成一个统一的整体所必要的组织架构,各部门就不能正常履行其基本的经济职能。因此,组织结构创新是决定零售商能否跨越“数字化发展陷阱”的关键一步。

第三节 平台经济背景下零售商组织创新对策

一、建立旋转木马型的组织结构

平台经济背景下零售商业模式创新给传统组织结构带来严峻挑战,但同时也通过改善组织数据产生、传播的方式,极大地降低了企业组织内信息不对称和不完备的程度,从而为企业业务流程再造和组织创新提供了新条件和新手段。

在总部数字化能力增强与组织对市场响应的敏捷性的双重管理需求下,零售商应重构部门间关系,改变层级式的职能部门制度,强化总部的赋能功能。数据是关键生产要素，企业经营的各个环节依靠数据来做决策，因此企业需要成立专门的数据运营中心来统合各种数据来源，减轻企业数据处理负担，并进行有意义的数据处理。如图 10-2 所示，以数据运营中心为驱动中枢，整合各个部门的各种数据来源，避免“信息孤岛”的出现；对结构化以及非结构化的数据进行规范化处理，使原先隐蔽、复杂的真实需求易于获取和显现，从而形成丰富和高质量的消费大数据；提高分析、应用能力，提升数据价值，无限接近消费者的真实需求，将经过整理后的数据提供给各个部门，为各个部门提供决策支持。总部与各部门之间不再是授权与被授权、命令与被命令的关系，而是由数据运营中心赋能的平行关系，就像旋转木马一样，数据运营中心是赋能中枢，驱动各个部门围绕轴心运转，而旋转木马的数量多寡、运行质量如何则取决于旋转中枢的动能有多大，数据运营中心能力越强，赋能效果越好。

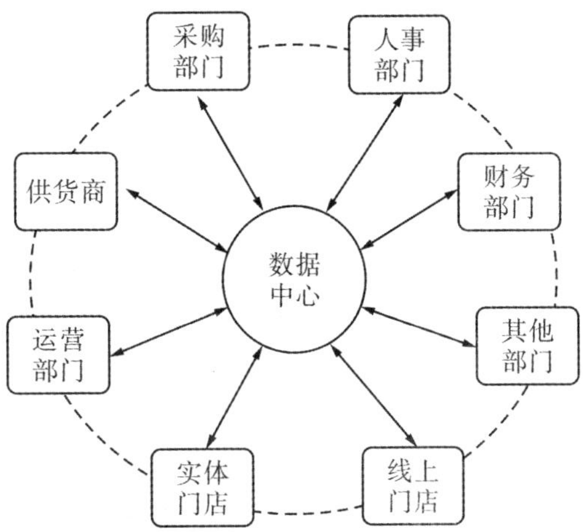

图 10-2　零售商的组织结构示意图

图片来源：作者绘制。

二、重构部门职能

企业由层级式组织结构向以数据运营中心为中枢的旋转木马型的组织结构演进的同时，需重构部门职能（郑斌斌，2018）。消费者的圈层化、消费需求变化的极度不确定性、销售过程碎片化，使得传统的由采购部门负责商品采购、运营部门负责门店促销这种在职能分离的基础上开展业务的方式，由于缺乏不同业务流程间的信息共享、决策协同，成为组织结构改革的羁绊，企业需要有多支灵活运转的团队进行商品开发、市场推广等，以对市场做出敏捷的反应。比如，互联网企业韩都衣舍率先践行产品小组制，产品小组集研发、销售、采购三位一体，自主地拥有几乎所有的业务操作空间，专注于单品开发工作，主动、自觉地研究市场、创新款式、节约成本、促进销售、改善绩效，成为企业的核心运营单位（罗仲伟 等，2017）。

在成立产品团队的基础上，原先的采购部门、运营部门应拓展新职能，为基本运营团队提供专业化服务，具备解决问题的平台功能，依据行业技术特征和运营特征建立共享、专业、集成、精准的后台支持体系，为各个产品团队提供包括生产性事务和行政性事务在内的增值服务支持，最大限度地保证各个产品团队能心无旁骛地在自己的决策空间里实现创新、创造价值（罗仲伟 等，2017）。同时，为各产品团队和上游供应商、下游在线交易平台、物流快递平台的有效连接创造条件，为产品团队的创意转化为实际产品并进入市场提供强大的资源支持，弥补产品团队的组织功能缺陷。零售商在数字化创新转型的同时急需改革传统事业部制，向团队制转型，重构部门职能，驱动组织结构由“总部＋分店”向“平台＋团队”的组织结构转变。

三、打造共生型零供关系

传统的零供协作模式面临迭代升级压力，在数字化运营决策中，零售商应打造共生型零供关系（郑斌斌，2019）。传统供应商一般都有最小起订量，只有当生产量达到最小起订量时，收入才能覆盖生产成本。互联网时代下的产品生产的最小产能要求压缩，数字化零售对生产制造成本和试错能力要求较高，要求供应商进行生产流程再造，以形成适应数字化情境的销售流程，满足试销、预售、续销等消费者的碎片化需要。鉴于此，零供双方应建立共生关系，携手共同进行产品的小批量试错研发、生产，摒弃竞争对立因素，将零售商和供应商所拥有的异质性资源融合成一体，创造新价值，促进价值网络整体增值，实现可持续发展。比如，小米公司已投资或孵化了超过 210 家公司，这些公司嵌入小米生态链，与小米共同定义产品、设计外观、筛选性能、建立品质标准、选择包装材料以及市场推广等（王强　等，2019）。

平台经济背景下，零供双方要超越竞合双重性，在信息交互中共同创造价值，在生产和消费过程相互融合，不再彼此独立。零供双方要打通研发、生产、采购、物流、营销、售后等活动环节，进行供应链协同管理，并以消费者大数据作为驱动，借助大数据、云计算、物联网、区块链等数字化技术以及人工智能信息系统整合供应链，实现双方信息同步共享，运用数字化分析和预测手段，实施研发、采购、分销等流程的共同决策，同步协调供应链。

四、零售商与平台的新型组织外部关系

企业数字化转型具有高初始固定成本、低边际成本的特征。要积累人、货、场的海量数据，涉及海量数据的存储、连接、计算，以及算法和算力的持续优化，需要大规模的物联网设备、交互网络、云端设施、智能终端等硬件的

投入。企业与数据生产要素的建构者，比如阿里巴巴、腾讯、小米等数字原生企业跨界合作，可以降低零售商自建平台的数字化投资压力，助力零售商建构消费场景、开展精准营销等。零售商与平台企业之间的组织关系是一种新型的组织外部关系，有别于传统零售商与软件公司的买断产权的一次性关系，平台经济背景下的零售商需与平台企业进行长期的战略合作，包含数据沉淀、数据交互以及数据应用等。

新型组织外部关系改变了零售商的盈利模式，零售商在构建统一的底层数据库体系的基础上，与平台企业交互合作，促进数字化产品的诞生，开拓了企业盈利的新来源。零售数据的高度专业性和复杂性，融合平台数据的多维性，加之有云计算、大数据、人工智能、位置服务等技术能力的加持，使得实体零售商能够实时追踪消费者个人行为，更新他们的偏好，实时模型化他们的行为模式，快速识别出消费者在什么时候接近购买决策，然后打包首选商品促进交易的完成，量身定做针对顾客的个性化的促销手段和产品。

同时，零售商构建的底层数据体系反过来赋能平台企业，促进平台企业的创新服务，改善支付、顾客识别、个性化推荐、小程序等功能，优化平台用户体验，与平台企业建立共生共赢的组织外部关系。

在我国新旧动能转换的时代背景下，平台赋能下的零售商在商业模式数字化创新的道路上越走越远。数字化是传统零售商涅槃重生的战略机遇，企业要适时创新组织结构，解决平台数字化技术应用带来的数据处理负担、新职能产生等组织变革问题，建立以数据运营中心为驱动中枢的旋转木马型组织结构，重构部门职能，建立零供共生关系以及与平台企业跨界深度合作的新型组织外部关系，为商业模式创新带来的顾客价值增值、企业降本增效提供组织结构上的保障。

第十一章

平台经济背景下零售业与制造业的高质量融合发展

前章论述了平台经济背景下零售商业模式创新需要组织做出适应性改革以支持商业模式的执行与创新成效，组织内部关系和组织外部关系构成了组织的整体关系架构，零售商与制造商之间的零供关系是零售组织最主要的组织外部关系（汪旭晖，2009）；还分析指出了传统的零供协作模式在新商业模式下面临迭代升级压力，打造零售业与制造业融合发展的共生型零供关系能促进商业模式价值网络的整体增值。伴随着越来越多的零售商依托平台进行商业模式创新，零售数字化程度越来越高，零售数字化通过泛在连接和全面智能叠加从根本上改变了供需对接模式，驱使供需对接由传统线性、单向连动向网状交互转换，供需全链路实时匹配态势对零售与制造的融合发展提出了实践难题。本章从平台经济背景下零售商业模式创新入手，研究零售数字化对制造业提质增效的主要路径与机理，以跨界角度探索在零售业主导的态势下制造业如何突破长期以来的低端化困境，实现价值链攀升，为零售业与制造业高质量融合发展提供新思路。

第一节　零售业与制造业融合发展的重要性

一、零售业的基础先导作用

零售业在国民经济中有着重要位置，它作为衔接生产与消费的流通中介，具有直接接触消费者的天然属性，在将消费者需求和偏好传递给生产端，更好地引导生产，同时将商品从生产端传递到消费端，更好地促进消费上，具有不可替代的重要作用，尤其是在消费者主权愈加突出的数字时代，零售业在整个产业链中已由承接地位逐渐转变为主导地位。

2012 年 8 月，《国务院关于深化流通体制改革加快流通产业发展的意见》明确指出“流通产业已经成为国民经济的基础性和先导性产业”①。2016 年 11 月，中华人民共和国商务部等 10 部门联合发布《国内贸易流通“十三五”发展规划》，提出“到 2020 年，新一代信息技术广泛应用，流通先导功能充分发挥，供需实现有效对接，消费拉动经济增长的基础作用更加凸显，现代流通业成为国民经济的战略性支柱产业”的发展目标。2022 年 1 月，中华人民共和国国家发展改革委出台《“十四五”现代流通体系建设规划》，提出“到 2025 年，现代流通体系加快建设，流通业对畅通国民经济循环的基础性、先导性、战略性作用显著提升”的主要目标。

可见，发挥流通先导作用，推动供给侧结构性改革，建设现代流通体系，为构建以国内大循环为主体、国内国际双循环相互促进的新发展格局提供有力支撑。零售业作为流通业的核心产业，通过整合流通功能、创新商品和服务供给，为消费者提供更好的购物体验，进而推动消费增长、提升消费品质，发挥流通先导作用，引领制造业转型升级，是制造业高质量发展的重要突破点。

二、零售业与制造业融合发展的重要性

改革开放 40 多年以来，我国已形成了门类齐全、完整独立的制造业体

① 详见《国务院关于深化流通体制改革加快流通产业发展的意见》（国发〔2012〕39 号）。

系，产品遍布全球，成为制造业大国，但制造业“大而不强”，沿价值链攀升的能力不足（郭朝先，2019）。在全球价值链体系下，我国制造业专注于接单生产的OEM（original equipment manufacturer，原始设备制造商）代工模式，在国际市场上已经形成了对大型零售采购商的路径依赖，深陷“微笑曲线”的底部，在没有自主流通体系介入的情况下，单靠制造业本身很难实现低谷反转（祝合良 等，2017）。

长期以来，基于“行业自我循环”的发展惯性，零售与制造两行业缺乏融合发展，甚至在博弈对立的竞争关系下时常爆发渠道冲突、零供矛盾等问题，比如大型零售商凭借市场优势地位，通过各种通道费、坑位费等对制造业利益的各种挤占有损于供应链的整体利润，而且由零售商单方面的保守囤货行为所引起的“牛鞭效应”更加剧了供应链中无效产能的堆积，使得制造企业蒙受巨额损失。

制造业生产满足人民美好生活所需的商品，零售业匹配人与货、承担商品交换，实现人民的美好生活，两行业唇齿相依，联动发展才能实现“1+1>2”的效果。零售商依托大数据资源和智能算法能够预测消费趋势，引导制造，并提供多样化、个性化的服务。零售商的消费者数据借助数字系统实时反馈给制造企业，进而推动了制造业的研发与生产创新（成蕴琳，2019），以新零售为代表的中国流通能力的提升成为拉动中国制造业的价值链升级的重要突破口。与此同时，零售商业模式创新颠覆现有的制造模式，涉及生产制造的最小批量优化、企业敏捷响应市场需求、物流供应链体系的重组整合以及全链路自动化运营的实现等方方面面（王强 等，2019），因此零售与制造的融合面临“破坏性重塑”的一系列挑战。

第二节　零售业与制造业融合发展的要素

一、零售价值创造方式的转变引发制造业功能拓展

平台经济背景下，顾客价值创造方式发生了改变。互联网促进了消费者增权，使消费者不仅只是需求者，还成为价值创造的参与者，对企业运作的参与日益加深(郑斌斌　等，2020)。不同于现有的价值链视角下的单向价值提供方式，或服务导向视角下的双元互动关系范式下的价值共创(简兆权等，2018)，零售商与顾客的价值共创、零售商与制造供应商的价值共创、制造供应商与顾客的价值共创、零售商与平台的价值共创等构成数字时代的多主体共创新方式。零售业和制造业在供应链中的角色发生了变化，制造业需要拓展供货职能边界，积极参与到顾客价值共创中，扩展生产服务化功能，制造商、零售商、顾客三者协同重塑价值创造函数。

二、零售流程创新引发制造业生产方式变革

在消费长尾化、瞬时化的新特征的驱动下，零售传统的"先买后卖"的线性、块状的销售方式发生了变化，销售过程被切割成多个销售节点。传统供货商一般都有最小起订量，只有当生产量达到最小起订量时，收入才能覆盖生产成本(郑斌斌　等，2020)。零售数字化思维下的产品生产，其最小产能要求压缩，以便适应试销、预售、续销等根据消费者的反馈优化的碎片化需要。数字化零售对生产制造成本和试错能力的要求较高，制造企业需进行

生产流程再造，构建C2M敏捷生产模式以形成适应数字化情境的销售流程，满足试错、纠偏、优化等“修订式”的销售方式，实现“小单快反”的柔性化制造。

三、零售资源创新引发制造业核心能力再造

零售业和制造业具有异质性的资源禀赋。零售商主要拥有顾客资源和零售技能。顾客资源包含顾客数据和顾客关系（依绍华 等，2021），借助POS系统等现代信息技术增强消费者数据的收集，为卖场经营、商品规划、促销活动、顾客服务等提供数据支持。同时，通过零售服务、销售活动、顾客关系管理等培养忠诚顾客，维持顾客关系。零售技能包括了商品获取、策划零售活动、店铺运营等能力。制造企业则拥有商品研发生产技术、消费者品牌认同等资源。在数字化运营决策中，零供双方需建立共生关系，投入各自的专属资源，携手共同进行产品的小批量试错研发、生产，摒弃竞争对立因素，将双方所拥有的异质性资源融合成一体，创造任一单方面都无法创造的新价值，促进价值网络的整体增值。

数字化情境下零售业与制造业的融合发展可以拓展更多的价值空间，获得更多的资源创新与竞争优势。通过数字技术的泛在连接，零售业与制造业共同挖掘消费者深层次的需求，在与消费者互动的过程中给消费者更好的体验，让消费者感知到更多的产品价值，同时通过连接多方异质性资源，实现更有效率的资源匹配和共享，使得通过零售业与制造业的融合发展获得比单纯的商品买卖更多的连接红利。同时重视并利用好大数据这一重要的生产要素，零售业与制造业协同对大数据进行收集、组织、选择、合成和分配，将大数据转化为提高竞争力的有价值的信息，实现信息价值。

第三节　零售业与制造业融合发展的主要路径

一、回归零售本质，构建商业生态发展理念

在社会分工和专业化生产的背景下，商品的生产与消费、供给与需求分离，商品在本地生产，但需要运送到相邻、较远乃至更远地区的市场销售。有时生产者要出售，但消费者的消费需要滞后，有时消费者要购买，但生产者却即期不能供应。而零售的本质就是克服时间和空间约束，衔接生产与消费，将商品从生产端传递到消费端，更好地促进消费，满足人民对美好生活的需要，同时将消费者需求和偏好传递给生产端，更好地引导生产。但是长期以来，零售商滥用市场优势地位争夺利益，通过进场费、联营返点、租金、无偿占用制造企业资金等"房东模式"、类金融模式来寻求盈利，早已偏离了商业的本源，也逐渐丧失了零售精神（薛景梅，2011）。传统电商亦是如此，过于追求流量，使用刷单、刷好评等违规违法行为，以次充好，导致劣质商家、劣质商品充斥平台（汪旭晖，2020），严重伤害了消费者权益。

数字时代"创新、协调、绿色、开放、共享"的新发展理念，给予了零售业与制造业的融合发展重要的启发。零售业与制造业都应回归零售本质，树立起强烈的服务消费者的发展意识，只有企业真诚地以消费者为中心，以满足人民对美好生活的需求为目标，构建多主体协同创新的生态商业理念，零售与制造才能发挥各自所长，克服重重挑战，加强相互的协调配合，共同努力，从而实现高质量发展。

数字时代下，消费者的个性化、差异化需求不断被挖掘出来，成为扩大

内需、价值创造与制造业革新的动力源泉(孔存玉 等,2021)。零售商通过泛在连接消费者,并以较低的成本、更快的时效反馈消费信息给制造企业,制造企业应积极拓展供应职能,围绕消费需求,从闭门研发、接单生产、大批量制造向数据分析、按需定产、小批量柔性多样化的生产模式转换。在整个过程中,制造商应衍生生产服务化功能,跨界到零售端,提供更多的生产服务,与零售商、消费者等形成多主体协同创新体系,围绕消费需求,创新解决方案,改善用户体验,不断开发新产品,创新服务,摆脱路径依赖与结构惯性,不断自我革新,实现零售业与制造业的融合创新,为消费者提供质优价美的产品,满足人民对美好生活的需求。

二、建立数字化基础设施,聚合全链路数据资源

数据是关键生产要素,具有零边际成本、复制无差异的特性,是企业打造竞争优势的战略性资源(韩凤芹 等,2022)。建立数字化基础设施,聚合从供应端、运营端到消费端的各类大数据,是打通零售业与制造业融合发展的关键环节(汪涛武 等,2018)。通过智能算法挖掘消费者需求信息,零售商可以实现精准运营,积累更多有价值的数据。消费数据在零售与制造流程中实时共享,制造商可将消费数据实时传递到生产流程,并由智能制造系统进行分析、预判,再将数据传递到各个生产流程,包括生产、采购、供应、物流等环节,实现不同工序的协同创新。

建立数字化基础设施,聚合全链路数据资源,将大数据运用在生产、管理、组织、流通、服务等环节中,以信息技术的优势改造传统的工序和流程,为组织运行和产业链协同节约大量成本,提供更完善的服务,降低交易费用。数字化基础设施赋予零售业与制造业融合的大数据内涵,不仅能够提升企业的运营效率,也能让企业提高经营决策能力,为基于大数据的制造业与零售业的融合发展提供支持(汪涛武 等,2018)。

三、提升零售数字化运营能力，充分发挥主导作用

数字技术对零售活动进行了全面的重构，零售数字化经营能力的缺失，将阻碍零售业对制造业的有效引导。平台经济情境中，万物互联产生大量节点信息，映射到消费者购物的全过程、零售行为的全过程。消费者的购物全过程可视为由各个节点连接而成的数据链条，每个节点都是一个价值创造单位，零售价值创造思维需由核心价值创造向由节点汇聚而成的价值网络创造转变。相应地，零售数字化经营则需零售商具备整合企业内外部资源，运用数据进行价值网络创造的高阶能力。消费全过程的价值网络创造可以充分发挥零售主导作用，为制造业提供更多的价值创新，促进制造业提质增效。比如零售商及时为制造商提供消费者需求变化信息，能够使制造商根据市场变化进行产品研发与迭代，缩短对市场需求的反应时滞，有力地帮助制造业实现精确采购、控制库存、缩短物流，实现制造企业流程最优化和效益最大化，提升制造业的竞争优势（祝合良　等，2017）。

四、制造业改造生产方式，构建 C2M 敏捷模式

在消费需求复杂多变、产品生命周期日益缩短、市场竞争更加激烈的背景下，以批量生产为核心的传统生产模式使得商品供需延时和误配风险增加，造成了一定程度的产能过剩和产销脱节。制造业需要改变生产理念，以消费者为中心，主动向“可定制、多样化、小规模、周期可控”的 C2M 模式转型升级，这是传统制造企业改造生产方式的关键。

C2M 模式的实现需要制造企业根据市场需求变化灵活调整生产，打造更具柔性化、精细化的生产线，同时也要推动企业管理理念、管理机制的创新与变革，增强内生增长动力。制造企业还需要围绕最终用户需求组织生

产，设计、研发、原料供应等职能部门在整个生产过程中通过数字化技术实现同步办公；应用数字化生产流程进行成本控制，通过降低库存压力，加速整体运转，实现对零售需求的快速响应。同时，在生产流程数字化再造过程中，引入工业机器人、实现流程的数字可视化、提高产业工人的数字化操控技能等同样至关重要。

五、零售业和制造业的异质性资源融合创生

零售商以大数据资源驱动制造商改造生产流程，构建敏捷响应机制，创新产品和服务。在此背景下，大数据是支撑价值创造过程的元素，制造商与零售商在交互过程中跨界整合数据，提炼信息价值。数据能力是制造业提质增效的重要动力，更是制造业与零售业融合发展的基础。零售数字化背景下终端销售过程被切割成多个销售节点，在这个过程中，零供双方需要从产品研发开始就深度合作，共同对产品试错、纠偏、优化，形成基于产品合作的资源融合创生。

制造业与零售业依托大数据融合发展，互相推动与促进。制造业C2M模式建立在与零售业的异质性资源整合的基础上，利用业务流程数字化手段打通线上营销、社群管理、消费者识别等零售业务与线下产品设计、生产制造、物流配送等制造业务之间的壁垒，以消费者需求为导向，根据数据的同质化与可重新编程的特征，将零售资源与制造资源抽象为可以调用、共享的数据资源，实现零售业与制造业异质性资源的融合创新，在面对不确定性市场需求时，依托智能技术形成关于消费者问题的解决方案，最终实现双赢。

综上，在数字技术连接一切的平台经济背景下，行业边界模糊，跨界现象频发，本章从零售理念构建、数字化基础设施建设、零售数字化运营能力提升、制造业构建C2M敏捷模式到零售和制造的异质性资源融合创生，勾

画出了零售数字化创新促进制造业提质增效的主要路径和机理。零售业与制造业融合发展能打破零售业与制造业在行业“自我循环”下的封闭创新，通过更好地进行资源交互实现开放的生态系统下的价值共创。未来应发挥零售业在社会再生产过程中的主导作用，通过以零售业为核心的自主流通体系的介入，突破我国制造业长期以来的低端锁定窘境，拉动制造业的价值链升级，实现经济高质量发展。零售业与制造业融合发展的路径如图 11-1 所示。

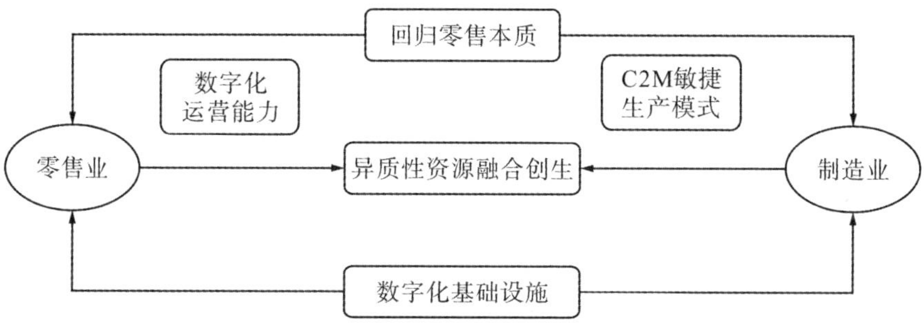

图 11-1　零售业与制造业融合发展的路径

图片来源：作者绘制。

第十二章 研究结论与对策建议

第一节　研究结论

在新一轮科技革命的浪潮下，我国数字经济快速发展，平台经济作为数字经济的重要组成部分和最成功的组织模式（李三希、黄卓，2022），经过多年的发展，已与大众的日常生活息息相关，不但为大众带来更加便利与丰富的消费体验，也推动了产业的变革。平台作为零售业发展的基础设施已成为现实存在，改变了零售产业结构，重塑了零售商业模式。

一、各章研究内容总结

本研究从近年来中国经济发展中普遍存在的现实问题出发，针对新经济模式下零售业与平台经济形态之间的矛盾与冲突的根源性问题进行了系统研究。第一章从我国平台经济蓬勃发展的社会现实出发阐释了研究背景——以电子商务为代表的零售新业态带来的冲击，针对实体零售业的创新迷茫、数字化转型焦虑等社会现实，提出“平台经济背景下零售业要如何进行商业模式创新”的研究问题，并细化了研究问题，主要为平台经济背景下顾客价值创造方式、企业价值获取方式和动态能力三大方面的变化。在此基础上，本研究分为理论篇（第二章至第五章）和实践篇（第六章至第九章），最后提出对策建议。

理论篇（第二章至第五章）从平台经济、平台组织、商业模式创新、价值理论、零售多层次创新特征、零售价值创造逻辑演变等多个理论视角探究了平台经济背景下零售商业模式创新的内在机理，构建了零售商业模式七要素模型，为后续的实践研究奠定了理论分析基础和框架。第二章至第五章的具体内容如下。

第二章研究了数字时代平台经济的特征与平台组织的演变。平台经济作为数字经济的重要组成部分，拥有大数据资源、智能算法的加持，具有多边主体协同共创的创新特征，通过整合生产、流通、服务和消费等各个环节，推动线上线下资源的高度融合，大大缩小了供需匹配的撮合成本，提高了全社会资源配置效率。平台组织包含了实体平台和数字平台，实体平台的存在由来已久，由于受到物理时空的限制，其商品容纳能力和吸客能力有限，而数字平台的跨时空强连接功能，使其具有实体平台所无法比拟的灵活性和成本优势，成为数字经济中居主导地位的组织模式。

第三章首先综述了商业模式创新的相关理论。商业模式作为企业创造、传递和获取价值的基础架构，其创新是指企业探索新方法来创造与获取价值的逻辑，包含了价值主张、价值创造、价值传递和价值获取的相互关系与相互成就。其次，提炼出商业模式内涵创新、机制创新与动态能力的三个核心内容。内涵创新、机制创新与动态能力全面阐释了商业模式创新过程中增加了哪些新内容、新关系、新方式等商业新内涵，如何创新运行这些新内涵的机制，机制运行需要培养哪些动态能力来支撑，等等。针对这方面的研究综合了商业模式要素、要素编排运行机制与要素整合能力等多视角，从全局的角度全面透彻地分析了商业模式创新的系统性和完整性。最后，结合零售商业模式的多层次创新特征和零售关键业务流程，构建了平台经济背景下零售商业模式七要素模型，其中的七要素包括顾客、零售商、供应商、平台、零售内涵创新、零售价值机制创新与零售动态能力。零售商业模式创新是系统过程，围绕着消费者需求的变化，在平台的赋能下，这七个要素存在内在联系，相辅相成，相互作用，形成了零售的各种“运动”，包含顾客界面、内部构造界面、供应关系界面、平台界面等核心界面，从行为主体、模式要素到运行机制、动态能力，构成了一个完整、统一的商业模式体系，凸显了平台经济背景下零售商业模式创新的协同性、系统性特征。

平台经济背景下的零售商业模式根据企业是否自建平台可以分为两大类型:零售商自建平台的平台自主型商业模式创新,在平台上开店、以平台为依托的平台依附型商业模式创新。实践中,零售商自建平台与依附平台这两种方式交叉使用、相互内置与协同创新的案例不少。由于企业进行平台型商业模式创新以实现平台型增长是平台经济背景下零售业的新增长模式,并对传统零售活动产生巨大改变,因此第四章重点关注零售商自建平台实现平台型增长的平台型商业模式创新。本章依据平台经济理论、价值共创理论等,在分析平台经济背景下零售价值共创演变理论的基础上,结合零售行业特征,提出了为实现平台型增长,零售商业模式创新需改变顾客价值创造方式和企业价值获取方式,以平台技术系统为依托,在零售关键业务流程的改革上实现价值共创。同时企业要摆脱销售价差的传统盈利思维,借助连接红利和信息价值开拓新的收入源。平台型增长不是企业通过自身获取或控制资源来实现的,而是通过融合社会化资源、供应商资源、互补者资源等来实现的。

第五章论述了零售时空价值机制的演变。创造时空价值是零售在社会分工下的本质功能。依托数字平台,零售突破了物理时空的有界约束,交易空间无限延伸,交易时间多维复制,跨时空价值创造的底层逻辑从"商品流"向"信息流"演变。由于"商品流"固化了企业所能提供的消费效用,在高度动荡的消费市场中越来越显得力不从心,成为时空价值创造的桎梏。而"信息流"能跨时空自由匹配供需两端,深度挖掘隐性消费需求,通过数据交互方式协调更为庞大的消费人群网络和更为庞大的供应网络,因此成了平台经济背景下数字化零售时空价值再造的逻辑基础。

实践篇(第六章至第九章)首先综述了新中国流通业的发展脉络,其次设计了自建数字平台、共享集团平台、实体平台数字化转型的三个研究情境,最后挑选了便利蜂、苏宁小店、日本百货店等三个案例进行研究。

第六章对新中国成立 70 多年来流通业的发展历程与零售数字化创新

实践进行了综述，提出通过不断探索创新，新中国流通业的产业规模由小到大，产业地位由末端到先导，流通方式由单一到多元，新业态新模式不断涌现，流通产业体系逐渐完善，在满足人民美好生活需要的过程中发挥着基础性作用，并成为"强大国内市场"的重要组成部分，尤其是在零售数字化应用领域领跑发达国家，走出一条具有中国特色的流通业现代化发展之路。零售业是流通业的核心组成部分，平台经济背景下的零售商业模式创新不是无中生有、一蹴而就的创新，而是在继承和延续既有流通发展范式的基础上创造新范式的过程。鉴于此，掌握我国流通业的发展脉络，有助于理解与平台经济相匹配并根植于中国流通基本制度基础之上的独特的零售商业模式创新实践与创新概念。

第七章对便利店企业——便利蜂的商业模式创新进行研究。便利店是一种满足顾客应急性、便利性需求的零售业态，便利蜂是便利店业态的新兴品牌，企业的定位为"科技创新型智能便利店"，通过"门店＋App"、智能物联网建立了连接、聚合人、货、场的大数据平台，以大数据为顾客价值创造源泉，通过大数据开店、大数据营销、大数据品控、大数据选品、店仓一体化配送布局、零供协同配送体系的构建等一系列价值创造活动，构建了基于大数据的消费全过程价值创造机制，以及门店智能管理和零供快速合作机制，门店管理降本增效，商品迭代速度高于行业平均水平，顾客满意度和复购率不断提升。便利蜂的商业模式创新的核心是不断地优化数据结构、数据算法来洞察消费需求，形成遍及消费全过程的实时协同价值网络，完成前端消费者需求和后端生产供应信息的实时对接，在产品与服务创新中占据速度方面的优势，提升了消费者购物全过程的便利价值。

第八章对社区店——苏宁小店进行案例研究。苏宁小店的业态定位是为消费者提供综合服务的线下生活平台，以此吸引消费者，以期成为苏宁集团的超级流量入口。依托苏宁集团的数字平台和供应链资源，苏宁小店通过门店多元化、差异化运营以及商品结构和服务本地化创新等零售价值创新活动，不断创新商品、服务供给，创新销售方式，其商业模式创新主要围绕用户黏度进行，通过商品、服务创新与销售方式创新增加用户黏度，承担为苏宁集团其他业态引流的重要职能。但是，在实践中，苏宁集团如何有效转化苏宁小店的流量，苏宁小店总部如何提升数字化运营能力，使苏宁小店充分发挥苏宁集团流量入口的效用，成为苏宁集团发展的重要问题。

第九章针对数字平台兴起的背景下以百货店为代表的实体平台型零售商面临利润骤减、频繁关店的经营困境，选取了日本百货店在经济转型期业态创新转型成功的经验案例，来研究实体平台型零售商如何创新商业模式以提升企业绩效，实现可持续发展。本章以零售商绩效影响要素模型为基础，将零售商绩效的四个要素按照商业模式结构的三个层次进行分解和重构，从顾客、企业和零供三个界面探讨百货店价值再造、重构和增值路径，发现数字技术是商业模式同时实现效率性与新颖性的基础条件，要实现效率性和新颖性的双对机制需要做好互补性系统设计。案例企业在商品内容创新和完善服务功能的同时进行业务流程标准化和供应链管理，构建两两交互的互补体系，同时实现了效率性和新颖性，实现了商业模式的价值增值，并创造了更多顾客价值，最终实现业绩提升。章末部分对我国百货店转型提出对策建议。

组织与关系篇（第十章至第十一章）研究了零售商业模式创新所带来的组织结构与零供关系的变革。

第十章针对平台经济背景下零售商业模式创新引致企业组织结构发生的重大改变，分析得出了平台经济背景下零售商业模式创新给零售商带来的信息处理负担加重、传统层级组织结构“刚性”突显、零供协作关系亟待升级迭代等组织问题，强调若零售商不能创造出把新旧职能有效结合成一个统一的整体所必要的组织架构，各部门将不能正常履行其基本经济职能，旧有的组织结构将会对商业模式创新绩效产生冲突性影响。该章还提出零售商应建立以数据运营中心为驱动中枢的旋转木马型组织结构，重构部门职能，建立零供共生关系以及与平台企业跨界深度合作的新型组织外部关系，以响应平台经济时代的管理新需求。

第十一章主要研究零售业与制造业的高质量融合发展路径与机理。随着越来越多的零售商依托平台进行商业模式创新，零售数字化程度越来越高，零售数字化通过泛在连接和全面智能叠加从根本上改变了供需对接模式。本章从零售业的基础先导作用出发，分析了平台经济背景下零售商业模式创新带来的顾客价值创造方式的转变、零售流程创新，以及零售资源创新分别对制造业的供货职能、生产方式以及跨界资源重组所产生的影响。本章还提出了回归零售本质，构建商业生态发展理念；建立数字化基础设施，聚合全链路数据资源；提升零售数字化运营能力，充分发挥零售业的主导作用；制造业改造生产方式，构建 C2M 敏捷模式；零售业和制造业的异质性资源融合创生的融合发展路径。此外，本章提到零售商业模式创新促进制造业提质增效，制造业高质量发展为零售商业模式的创新成效提供了有力的商品供应保障，依托平台的强连接技术，零售业与制造业突破长期以来行业自我循环的发展惯性，两者高质量融合发展为构建以国内大循环为主体、国内国际双循环相互促进的新发展格局提供有力支撑。

二、讨论与启示

本研究提出了"平台经济兴起的时代背景下，零售商业模式要如何创新才能在新经济增长中获得竞争优势"的研究问题，并将其细分为三个子问题：(1)顾客价值创造方式如何改变；(2)企业价值获取方式如何改变；(3)企业动态能力如何驱动新旧增长方式转换。在以平台经济背景下零售商业模式创新七要素模型为理论分析框架的基础上，根据理论研究和实践研究可得出以下启示。

第一，平台经济背景下零售商业模式创新中的顾客价值创造由单一价值提供向价值网络共创转变。由于平台万物互联产生大量节点信息，每个节点都是一个价值创造单位，众多的价值创造单位构成了价值网络，为消费者提供了更加多样化的价值主张。比如，便利店业态原先提供的即时消费的核心便利价值转换成基于搜索便利、购买便利、消费便利、商品获取便利等各个节点组成的价值网络。

顾客价值创造方式也由传统经济下价值的单向提供向价值共创演进，以零售商、顾客、供应商、平台为主体的两两交互的价值共创网络的建构成为平台经济背景下零售商业模式创新的核心。平台技术提供的线上虚拟空间与零售商本身拥有的线下实体空间成为各方主体进行信息沟通交流的场所，顾客资源成为企业价值创造的重要来源，是实现价值共创的基础。

第二，平台经济背景下，零售业呈现无边界化、无间隙化和社会化趋势，企业的价值创造与价值获取逐渐分离，门店不再只是与顾客价值交换的场所，其客流的隔离机制功能逐渐消失，因此企业要摆脱销售价差的传统盈利思维，通过连接红利和信息价值开拓新的收入源。企业的平台型增长不再是通过自身获取或控制多少资源来实现，而是通过融合社会化资源、供应商资源、互补者资源等来实现。

第三，以大数据运营能力和基于价值共创的业务能力为代表的零售数字化能力是平台经济背景下零售商业模式创新的核心动态能力。传统经济下零售商的商品经营能力很大程度上依赖于采购员的长期业务积累(Martin，1973)，平台经济背景下零售商依托大数据和智能算法进行商品经营，实现消费者与商品的跨时空匹配，基于大数据的商品经营能力、社群运营能力等大数据运营能力成为零售商的核心能力，零售商需要对传统的动态能力进行迭代升级。基于价值共创的业务能力是零售商业模式的价值共创机制运行的有效保障，基于价值共创的业务能力的培养具有两个基本前提：一是对业务流程的简洁化、标准化、规范化改造，使数字技术能与业务深度融合，赋能业务自动化、智能化运营，这不仅可以缩短员工的重复性业务处理时间，而且可以释放员工精力，激发员工创造潜能，使其从事有更高价值的工作；二是动态能力是在不断的业务试错过程中形成的，零售商应对业务流程不断进行适应性纠偏、优化与完善。平台经济背景下零售数字化动态能力的形成不仅仅需要企业和消费者主体之间的资源交互，还需要企业与其他利益主体，比如供应商等的多方的资源交互。

第四，平台是零售商业模式创新并形成竞争优势的重要基础。平台通过跨时空数字连接，将分散在不同时空范围的市场需求和供给高效率地集聚在一起，再通过数字技术手段将这些资源要素解析、整理为可重复使用的大数据资源，使平台上的供给端更加容易辨识、发掘、创造市场机会，大大缩小了供需匹配的撮合成本，从而形成供需双方的价值协同。通过平台连接，零售商和顾客、供应商建立了新型伙伴关系。通过将顾客纳入“共同创造价值网络”（罗珉 等，2015），借助数据分析对供应商进行生产指导，促使供应商为顾客提供定制化产品，以新颖性留住顾客，实现总的价值增值。通过平台连接，大数据资源和资源治理机制对价值创造产生促进作用。除了使零售商、供应商获得信息、市场和技术外，平台还通过信息共享和协作机制，使零售商从运行系统及伙伴依存活动中获益，诸如可以缩短产品进入市场的时间、改善合作企业供应链协同效率、减少信息不对称、加快交易处理和订单履行等，提高交易效率，从而使价值链上的企业都受益，并以较低的交易成本实现价值增值。根据案例研究的经验证据可知，平台赋能下的零售商业模式创新可以同时实现新颖性与效率性的竞争优势。

平台经济背景下零售商业模式中的价值创造机制、价值获取机制以及动态能力发生了重大变化，零售商首先要摆脱传统的零售买卖思维，围绕消费需求变化，充分发挥平台的作用，重构数字化的零售经营体系。

第二节　对策建议

在平台的驱动下，零售商业模式的创新案例不断涌现，运用平台技术倒逼自身加速数字化转型进程，成为实体零售商与传统电商企业摆脱低迷状态、重获增长的战略选择。然而，商业模式创新只有少数企业成功，而大多数企业以失败告终（Ansari et al.，2016）。尤其是在平台技术推动下快速增多的零售数字化转型更容易造成资本泡沫，恶化竞争，各种无序补贴破坏市场价格机制，危害行业发展，最终损害消费者权益。因此，本研究从根本上探讨了平台经济背景下零售商业模式创新的内在逻辑和创新路径，揭示了平台经济兴起的时代背景下，零售商业模式要如何创新才能使企业在新经济增长中获得竞争优势。根据前述讨论，本研究提出以下对策建议，以期促进零售商构建抗风险的价值创造长效机制。

一、重视零售的主导作用，高效连接平台双边用户

在泛化的消费服务领域中，零售业拥有直接接触消费者的天然优势，它将终端消费的需求信息搜集、汇总、挖掘和分析，并向上游制造业传递，基于营销数据实现销量预测，由此带动生产端制造计划和供应链采购计划的调整，并形成供需平衡。零售商业模式创新过程中要充分发挥平台强连接功能，更加高效连接双边用户，基于消费者需求的变化，促进生产端构建小批量按需快速生产、柔性化和个性化定制的敏捷供应链，协同零售端试探市场对新品的反应程度，减少货品滞销和库存积压的可能性，促进供应链提质增效。零售效率影响甚至决定着整个经济供需体系，因此要重视零售在供应

链中的主导作用，高效连接和匹配供需双方。

二、加强零售商业模式创新的系统性设计

零售商业模式创新是平台数字技术对零售经营活动的解构与重构，改变了零售价值创造机制，涉及顾客界面、企业内部界面、零供界面、零售—平台共生界面等多层次的改造，并非平台技术的简单应用。苏宁小店的商业模式创新验证了商业模式创新中内涵创新、机制创新以及动态能力的培养是相辅相成、相互促进的，这是商业模式创新的必要基础。因此，在零售商业模式创新过程中，零售商需对战略思维、组织架构、运营体系等方面进行全盘思考和系统规划，通过进行包括顾客管理、终端运营、商品经营、物流仓配、组织管理等在内的全方位、系统化的商业模式设计，以及零售内涵创新、零售价值机制创新和零售动态能力的系统性创新，将平台数字技术与零售业务、经营管理深度融合，重构零售价值创造体系，全面提升零售商的竞争优势。

三、构建平台通用基础设施支撑零售创新

在平台经济情境中，数据是提供流通服务的起点，获取数据、从数据中挖掘顾客价值是零售商业模式创新的核心环节。在零售经营活动中，企业面临着选品组货、终端运营、门店促销、顾客维护、支付结算、库存管理、物流配送等繁杂的数据链路，涉及数量众多的供应商、服务商等的业务系统与数据存算方式。如果缺少新型数字化、智能化技术和平台作为支撑，就无法解决这些系统不兼容、数据互不可见、效率相互抵消的问题（张建锋　等，2022）。

平台技术包含移动网络及设备、虚拟与增强现实技术、新型社交平台与

新媒体技术等技术，这些技术主要用于打破“数据孤岛”，聚合各节点大数据资源，通过算法算力，优化零售决策。从消费端的用户连接和信息采集开始，将业务全面在线打通，整合各个价值链节点数据和消费全过程数据，运用大数据与智能算法实现运营数字化、营销数字化、决策智能化。数字平台推动了零售商的整体流程再造和能力重构，最终实现零售成本的降低以及效率和体验的升级（王强 等，2020）。

四、运用平台数字技术洞察消费需求，提升商品和服务供给能力

零售的本质是克服时空矛盾，匹配人与货，满足消费者对美好生活的需要。零售商的核心竞争力在于及时洞察消费需求，高效率地提供消费者所需的商品。零售商作为消费者行为及各类业务数据的信息聚合点，应以平台数据分析系统为支撑，结合行业专属资源，对消费数据进行深度分析与挖掘，洞察消费需求，预判消费趋势，做好商品供给计划，提高业务经营能力，降低库存积压，形成竞争优势。

目前我国实体零售商的数据利用率较低，大多处于闲置状态，对海量数据如何转化并为具体的商务决策提供信息支持缺乏具体的方法和路径，实体零售商往往凭借经验和感觉进行商务决策，导致产生了决策偏差，弱化了自身的竞争优势（李飞 等，2018）。零售商在建立数据一体化处理系统时，应拟好数据采集、分析、应用的整套方案，对商品数据、业务数据进行规范化处理，建构数据分析模型，通过“假设—实践—总结”的不断的试错过程，提高数据采集、分析和应用效果，使之成为有价值的信息。

五、运用平台数字技术提高零售业务运营效率

零售业属于服务型行业，传统零售主要依靠人工现场提供服务，由于服

务工作的客观评价较为困难，推高了零售运营成本。在便利蜂和日本百货店的案例研究中可以发现：运用大数据和智能算法等平台数字技术对业务流程和工作内容进行标准化改革，规范员工工作职责，对不同工种的业务流程实行模块化管理，是实现数字技术对业务流程改革的重要基础；简洁化、标准化、规范化的业务流程更有利于数字技术效能的发挥，这是实现智能化运营、提高零售卖场工作效率的重要前提。提升零售业务运营效率既反映了零售商进行价值创造的内功所在，也是零售业提高自身竞争力、向现代化产业迈进的重要方向。

六、构建“旋转木马”型组织结构适应商业模式创新

组织结构支撑商业模式的创新成效与执行，若组织结构没有及时跟随数字平台创新特征而作出适应性改革，那么企业将无法应对多项新职能的出现，从而对商业模式创新绩效产生负面影响。企业要适时创新组织结构，解决平台数字化技术应用带来的数据处理负担、新职能的产生等组织变革问题，建立以数据运营中心为驱动中枢的旋转木马型组织结构，重构部门职能，建立零供共生关系以及与平台企业跨界深度合作的新型组织外部关系，为商业模式创新带来的顾客价值增值、企业降本增效提供组织方面的实现保障。

七、零售与制造深度融合创新产品供给

零售业作为流通业的核心产业，应通过整合流通功能、创新商品和服务供给，为消费者提供更好的购物体验，进而推动消费增长，提升消费品质，发挥流通业的先导作用，引领产业转型升级，这是制造业高质量发展的重要突破点。

零售商应借助平台数字技术，在整合供需数据的基础上，将顾客需求数据转化为其对特定产品的需要，进而通过供应链协同方式介入生产过程，通过组建跨组织协作团队参与指导生产，提升零售商在产业链中的地位，逐渐确立自身的差异化和特色化优势。通过供应链管理，一方面可以引导制造业提高制造技术和设计能力，推动产品创新；另一方面可以建立消费需求快速反应体系，更好地满足消费需求，提升居民消费品质，实现零售商业模式创新和零售高质量发展。

第三节　未来展望

近年来，在平台经济兴起的背景下，我国零售商业模式创新案例不断涌现，在有效对接供需、满足人民美好生活需要上发挥了重要作用。回顾新中国成立 70 多年来零售业的发展状况，零售业通过不断探索实践，积极学习借鉴国外经验，从实现传统模式快速转型到在数字化应用领域领跑发达国家，走出了一条具有中国特色的流通现代化发展之路。英国品牌评估机构"品牌金融"(Brand Finance)发布的"2022 年全球最具价值零售品牌 100 强"中，中国共有 7 家零售商入围，阿里巴巴集团旗下的淘宝和天猫，以及京东等平台型零售商均进入了前十名[①]，我国零售商在全球零售业中扮演着越来越重要的角色。

平台经济是数字经济的重要组成部分，我国现有的平台经济主要集中在消费端，未来整合消费互联网平台与工业互联网平台以强化数字化基础

① EMBA.阿里、永辉、京东上榜！2022 全球最具价值零售品牌 100 强出炉[EB/OL](2022-05-01)[2022-06-05]. https://baijiahao. baidu. com/s? id = 1731616906962053110&wfr=spider&for=pc.

设施建设，成为产业发展趋势与新通用基础设施建设的趋势（谢康 等，2021）。但是平台数字基础设施的建设成本投入巨大，且具有一定的公共产品性质，因此本研究建议政府相关部门应从公共服务角度整合工业互联网与消费互联网平台，发展产业数字化必需的硬件设施，形成一个统一的供需大数据平台，助推有利于产业高质量发展的数字新基建，为产业发展提供源源不断的数据（新的生产要素）。在我国数字经济的发展战略下，未来依托平台进行零售商业模式创新将越发成熟。

参考文献

一、中文文献

北京大学平台经济创新与治理课题组.平台经济：创新、治理与繁荣[M].北京：中信出版社，2022.

曹鸿星.中国零售业态变迁：基于2004—2013年统计数据的解释[J].贵州财经大学学报，2016(5)：53-60.

曹鸿星.零售业创新研究述评[J].北京工商大学学报(社会科学版)，2010，25(1)：18-21，26.

曾锵.场景化架构零售商业模式研究[J].商业经济与管理，2020(6)：5-17.

晁钢令.集成商和平台商：流通企业创新转型的两个主要方向[J].中国流通经济，2015，29(5)：68-73.

陈红华，徐芬.基于不同O2O模式的实体零售商融合策略：以步步高集团、永辉超市、天虹商场调研为例[J].中国流通经济，2017，31(10)：81-88.

陈娟，吕波.连锁经营数智化转型的路径选择与实践创新：第十届中国商贸流通企业发展论坛暨数智化连锁经营高峰会观点综述[J].中国流通经济，2021，35(1)：113-128.

陈立平.中国百货店的联营制研究[J].北京工商大学学报(社会科学版),2011,26(5):13-18.

陈丽芬.内贸流通在新型城镇化中的功能作用及促进措施[J].中国流通经济,2015,29(6):21-29.

陈明亮,邹梦琪.价格折扣框架对消费者购买决策的影响研究[J].价格理论与实践,2018(1):158-161.

陈威如,王节祥.依附式升级:平台生态系统中参与者的数字化转型战略[J].管理世界,2021,37(10):195-214.

陈晓红,唐立新,李勇建,等.数字经济时代下的企业运营与服务创新管理的理论与实证[J].中国科学基金,2019,33(3):301-307.

陈晓红,唐湘博,梁伟,等.数字经济时代的企业运营管理与服务创新[J].商学研究,2021,28(5):5-12.

陈亚琦.互联网时代电子商务发展规律及其路径探析:基于时空分析视角[J].河北学刊,2015,35(5):219-222.

成蕴琳.新零售与共享制造融合的演进机理和路径探讨[J].商业经济研究,2019(8):37-39.

杜睿云,蒋侃.新零售:内涵、发展动因与关键问题[J].价格理论与实践,2017(2):139-141.

冯华,陈亚琦.平台商业模式创新研究:基于互联网环境下的时空契合分析[J].中国工业经济,2016(3):99-113.

高良谋,张一进.平台理论的演进与启示[J].中国科技论坛,2018(1):123-131.

郭朝先.产业融合创新与制造业高质量发展[J].北京工业大学学报(社会科学版),2019,19(4):49-60.

郭国荣.我国流通所有制结构改革的基本趋势[J].宏观经济研究,2000(6):57-60.

郭馨梅,张健丽.我国零售业线上线下融合发展的主要模式及对策分析[J].北京工商大学学报(社会科学版),2014,29(5):44-48.

韩彩珍,王宝义."新零售"的研究现状及趋势[J].中国流通经济,2018,32(12):20-30.

韩凤芹,陈亚平.数字经济的内涵特征、风险挑战与发展建议[J].河北大学学报(哲学社会科学版),2022,47(2):54-61.

何立峰.促进形成强大国内市场 大力推动经济高质量发展[J].宏观经济管理,2019(2):1-4.

洪涛,李国玉.中国零售业结构性调整分析:2014 年中国零售业关店报告[J].中国流通经济,2015,29(3):1-9.

洪涛.从学术的角度看百货店业态已经不复存在[J].商业经济研究,2015(15):14-15.

黄国雄.商品流通由计划走向市场[J].改革与理论,1999(10):6-8.

黄国雄.中国流通业:入世后的挑战与对策[J].财贸经济,2002(2):58-60.

黄子璎,李慧敏.小商品批发市场业态的发展趋势[J].学术交流,2000(1):59-60.

纪宝成,谢莉娟,王晓东.马克思商品流通理论若干基本问题的再认识[J].中国人民大学学报,2017,31(6):60-70.

贾康.未来零售的前景、困境与路径选择[R].北京:中新经纬研究院,2019.

简新华,聂长飞.论从高速增长到高质量发展[J].社会科学战线,2019(8):86-95.

简兆权,曾经莲.基于价值共创的"互联网+制造"商业模式及其创新[J].企业经济,2018,37(8):70-77.

简兆权,令狐克睿,李雷.价值共创研究的演进与展望:从"顾客体验"到"服务生态系统"视角[J].外国经济与管理,2016,38(9):3-20.

江淮.论社会主义的商品流通渠道[J].经济研究,1963(5):17-22.

荆林波.评点入世元年流通业[J].商业时代,2003(1):10.

荆文君,孙宝文.数字经济促进经济高质量发展:一个理论分析框架[J].经济学家,2019(2):66-73.

孔存玉,丁志帆.制造业数字化转型的内在机理与实现路径[J].经济体制改革,2021(6):98-105.

冷志明.加入世贸组织后中国零售业发展现状及发展趋势[J].经济与管理,2004(10):20-22.

李春利,高良谋,安岗.数字平台组织的本质及演进:基于分工视角[J].产经评论,2021,12(6):134-147.

李方勇.西方企业组织理论百年演变和发展综述[J].北京航空航天大学学报(社会科学版),2010,23(3):55-58.

李飞,陈浩,曹鸿星,等.中国百货商店如何进行服务创新:基于北京当代商城的案例研究[J].管理世界,2010(2):114-126,187-188.

李飞,贾思雪,刘茜,等.关系促销理论:一家中国百货店的案例研究[J].管理世界,2011(8):115-129,188.

李飞,贾思雪,王佳莹.中国零售商商业模式创新要素及路径:基于胖东来的案例研究[J].技术经济,2015,34(1):37-45.

李飞,任莹,衡量.零售革命形成的动因:基于技术革命的视角[J].技术经济,2018,37(9):25-35.

李飞,汪旭晖.零售商竞争优势形成机理的研究[J].中国软科学,2006(6):129-137.

李海舰,李燕.对经济新形态的认识:微观经济的视角[J].中国工业经济,2020(12):159-177.

李海舰,田跃新,李文杰.互联网思维与传统企业再造[J].中国工业经济,2014(10):135-146.

李家祥,王强.建国五十年来商品流通体制的沿革与启示[J].天津师大学报

(社会科学版),1999(4):1-6,38.

李三希,黄卓.数字经济与高质量发展:机制与证据[J].经济学(季刊),2022,22(5):1699-1716.

李文莲,夏健明.基于"大数据"的商业模式创新[J].中国工业经济,2013(5):83-95.

李晓雪,路红艳,林梦.零售业数字化转型机理研究[J].中国流通经济,2020,34(4):32-40.

李允尧,刘海运,黄少坚.平台经济理论研究动态[J].经济学动态,2013(7):123-129.

刘刚.创业企业商业模式的多层次结构创新:基于战略创业的欧宝聚合物案例分析[J].中国工业经济,2018(11):174-192.

刘江鹏.企业成长的双元模型:平台增长及其内在机理[J].中国工业经济,2015(6):148-160.

刘向东,黄雨婷,李浩澜.中国零售商竞争优势的构建路径:一个社会网络视角下的探索性案例[J].中国流通经济,2016,(8):56-65.

刘向东,刘雨诗,陈成漳.数字经济时代连锁零售商的空间扩张与竞争机制创新[J].中国工业经济,2019(5):80-98.

刘向东,汤培青.实体零售商数字化转型过程的实践与经验:基于天虹股份的案例分析[J].北京工商大学学报(社会科学版),2018,33(4):12-21.

刘艳.便利蜂 新零售样本的时代印记[N].人民政协报,2018-05-30(009).

刘玉奇,王强.数字化视角下的数据生产要素与资源配置重构研究:新零售与数字化转型[J].商业经济研究,2019(16):5-7.

柳思维,唐红涛.关于加强农村商贸市场创新与拉动农村消费的思考[J].消费经济,2005(6):27-30,33.

路红艳.改革开放40年内贸流通发展实践与理论创新[J].商业经济研究,2019(10):5-8.

罗珉,李亮宇.互联网时代的商业模式创新:价值创造视角[J].中国工业经济,2015(1):95-107.

罗宪祯.商品流通中的计划调节与市场调节[J].学术交流,1991(2):60-62.

罗仲伟,李先军,宋翔,等.从"赋权"到"赋能"的企业组织结构演进:基于韩都衣舍案例的研究[J].中国工业经济,2017(9):174-192.

马军.我国百货商店发展历程及展望[J].现代商业,2016(1):19-22.

马伟伟,依绍华.零售商技术创新对品质消费的影响研究:以零售商便利蜂为例[J].价格理论与实践,2019(9):20-23,166.

马妍.我国零售业创新发展的思变、实践与策略[J].商业经济研究,2020(8):31-34.

马永辉.新中国农村集市贸易发展的历程及研究中存在的问题[J].当代中国史研究,2005(2):115-116.

迈克尔·波特.竞争战略[M].北京:华夏出版社,1997:5-30.

迈克尔·利维,巴顿·韦茨.零售管理[M].北京:人民邮电出版社,2004:116-124.

孟方琳,汪遵瑛,赵袁军,等.数字经济生态系统的运行机理与演化[J].宏观经济管理,2020(2):50-58.

裴长洪,倪江飞,李越.数字经济的政治经济学分析[J].财贸经济,2018,39(9):5-22.

齐严,司亚静,吴利红.数字技术革命背景下零售业商业模式创新研究[J].管理世界,2017(12):182-183.

盛亚,吴蓓.商业模式研究文献综述:兼论零售商业模式[J].商业研究,2010(6):40-43.

宋晓华,张洪吉,尹德斌.基于价值链优化的零售商竞争优势培育研究[J].科技经济市场,2007(4):283-284.

宋则.新世纪新主题:流通现代化:促进流通创新 提高流通效能政策研究

[J].商业研究,2003(9):1-9.

宋则.再论零售商自营:放弃自营、普遍联营的历史剖析[J].中国流通经济,2017,31(11):9-14.

汤新慧,邢小强,周平录.商业模式创新:研究现状与展望[J/OL].研究与发展管理:1-13[2022-11-07].DOI:10.13581/j.cnki.rdm.20210864.

汪涛武,王燕.基于大数据的制造业与零售业融合发展:机理与路径[J].中国流通经济,2018,32(1):20-26.

汪旭晖,李燕艳.跨国零售商在华物流模式本土化及其影响因素:基于沃尔玛、家乐福、麦德龙的案例分析[J].北京工商大学学报(社会科学版),2012,27(3):34-41.

汪旭晖.基于供应链协作的零供关系体系框架研究[J].北京工业大学学报(社会科学版),2009,9(2):24-28,40.

汪旭晖.新时代的"新零售":数字经济浪潮下的电商转型升级趋势[J].北京工商大学学报(社会科学版),2020,35(5):38-45.

王宝义.我国"新零售"实践回顾与展望:基于上半场"需求端"与下半场"供给端"转型期视角[J].中国流通经济,2019,33(3):19-30.

王强,刘玉奇.新零售引领的数字化转型与全产业链升级研究:基于多案例的数字化实践[J].商业经济研究,2019(18):5-8.

王强,王超,刘玉奇.数字化能力和价值创造能力视角下零售数字化转型机制:新零售的多案例研究[J].研究与发展管理,2020,32(6):50-65.

王琴.基于价值网络重构的企业商业模式创新[J].中国工业经济,2011(1):79-88.

王群.基于平台视角的农产品流通模式分析[J].吉林工商学院学报,2015,31(3):47-50,101.

王淑翠,俞金君,宣峥楠.我国"新零售"的研究综述与展望[J].科学学与科学技术管理,2020,41(6):91-107.

王勇,辛凯璇,余瀚.论交易方式的演进:基于交易费用理论的新框架[J].经济学家,2019(4):49-58.

王瑜.略论我国商业体制改革[J].兰州学刊,1984(5):20-24,37.

魏炜,李飞,朱武祥.商业模式学原理[M].北京:北京大学出版社,2020.

魏炜,朱武祥,林桂平.基于利益相关者交易结构的商业模式理论[J].管理世界,2012(12):125-131.

吴文治.便利蜂欲借会员制突围贴身战[N].北京商报,2018-02-09(005).

吴小丁."品牌联营"模式对百货店业态的质疑[J].吉林大学社科学报,2008(5):134-140.

吴瑶,肖静华,谢康,等.从价值提供到价值共创的营销转型:企业与消费者协同演化视角的双案例研究[J].管理世界,2017(4):138-157.

夏春玉.流通概论[M].大连:东北财经大学出版社.2013.

夏守亮.积极应用数字技术 探索零售发展新模式:便利蜂创新便利店发展案例启示[J].中国经贸导刊,2018(36):20-21.

肖静华,谢康,吴瑶,等.从面向合作伙伴到面向消费者的供应链转型:电商企业供应链双案例研究[J].管理世界,2015(4):137-154,188.

谢康,吴瑶,肖静华.生产方式数字化转型与适应性创新:数字经济的创新逻辑(五)[J].北京交通大学学报(社会科学版),2021,20(1):1-10.

谢莉娟,庄逸群.互联网和数字化情境中的零售新机制:马克思流通理论启示与案例分析[J].财贸经济,2019,40(3):84-100.

徐从才.流通经济学:过程、组织、政策[M].北京:中国人民大学出版社,2006.

徐晋,张祥建.平台经济学初探[J].中国工业经济,2006(5):40-47.

薛景梅.促进产业和谐发展的零供关系构建研究[J].商业经济与管理,2011(3):11-16.

闫国庆,李肖钢,李秋正.传统商业企业向商贸供应链公司转型分析:基于宁波阿凡达商贸供应链集成运营模式的案例研究[J].管理世界,2012(4):181-182.

杨德寿.中国供销合作社史料选编:第一辑上册[M].北京:中国财政经济出版社,1986.

杨俊,张玉利,韩炜,等.高管团队能通过商业模式创新塑造新企业竞争优势吗?:基于CPSEDⅡ数据库的实证研究[J].管理世界,2020,36(7):55-77,88.

杨学成,陶晓波.社会化商务背景下的价值共创研究:柔性价值网的视角[J].管理世界,2015(8):170-171.

姚小涛,亓晖,刘琳琳,等.企业数字化转型:再认识与再出发[J].西安交通大学学报(社会科学版),2022,42(3):1-9.

叶秀敏.平台经济的特点分析[J].河北师范大学学报(哲学社会科学版),2016,39(2):114-120.

依绍华,许贵阳.进一步提升消费对经济发展的作用[J].中国国情国力,2018(11):25-28.

依绍华,郑斌斌.价值创造视角下百货店商业模式创新:基于日本百货店的经验证据[J].中国软科学,2021(1):98-113.

依绍华,郑斌斌.日本百货业发展演进特征及其对我国的启示[J].国际贸易,2019(11):29-35.

依绍华,郑斌斌.中国流通业发展阶段特征与未来趋势[J].首都经济贸易大学学报,2020,22(4):48-61.

依绍华."新零售"面临的挑战及对策建议[J].中国发展观察,2018(16):32-34.

依绍华.夯实强大国内市场基础 开创经济高质量发展新局面[J].价格理论与实践,2019(7):35-36.

依绍华.跨境电商企业"走出去"面临的挑战与建议:以阿里巴巴进入澳洲市

场为例[J].中国发展观察,2019(8):61-62.

易宪容,陈颖颖,于伟.平台经济的实质及运作机制研究[J].江苏社会科学,2020(6):70-78,242.

余鑫炎.国营商业企业经营机制转换的若干理论问题[J].商业经济研究,1993(2):7-9.

俞华,路红艳.物联网在我国流通领域应用前景分析[J].经济理论与经济管理,2012(8):32-38.

张弛,张曙光.分工协调方式和组织结构创新:再论新经济对经济学理论的挑战[J].南方经济,2019(2):1-13.

张建锋,肖利华.新零售之旅[M].北京:电子工业出版社,2022:32-106.

张井.对深化商品流通体制改革几个问题的构思[J].学术研究,1999(5):33-36.

张静."新零售"背景下社区便利店转型升级路径研究[J].现代商贸工业,2022,43(1):80-82.

张普.新零售的兴起、理念及构建:以零售业革命的发展为视角[J].哈尔滨商业大学学报(社会科学版),2021(5):112-120.

张文魁.数字经济的内生特性与产业组织[J].管理世界,2022,38(7):79-90.

张旭波.公司行为与竞争优势:评迈克尔·波特的价值链理论[J].国际经贸探索,1997(3):34-37.

张永林.网络、信息池与时间复制:网络复制经济模型[J].经济研究,2014,49(2):171-182.

郑斌斌,依绍华.数字化情境下零售时空价值再造机制:从"商品流"到"信息流"的逻辑演变[J].价格理论与实践,2020(2):8-12.

郑斌斌.日本综合超市的管理模式分析与启示:以永旺综合超市为例[J].河北北方学院学报(社会科学版),2016(6):69-73,113.

郑斌斌.基于数字化转型的实体零售商组织结构创新[J].科技和产业,

2020,20(9):35-40.

郑斌斌.零售数字化时代门店创造力的影响因素研究[J].商业经济研究,2019(5):66-69.

郑斌斌.日本 7-Eleven 便利店长期竞争优势构建机制[J].商业经济研究,2018(3):133-136.

郑斌斌.中国便利店业态区域竞争力的比较分析[J].莆田学院学报,2017,24(6):54-59,69.

钟慧中.我国流通业的对外开放[J].国际贸易问题,1998(1):56-60,48.

周伟.试论流通现代化的内涵及其对国民经济发展的重要作用[J].商业时代,2011(24):19-20.

朱良杰,何佳讯,黄海洋.互联网平台形成的演化机制:基于韩都衣舍的案例研究[J].管理案例研究与评论,2018,11(2):163-180.

祝合良,石娜娜.流通业在我国制造业价值链升级中的作用与提升路径[J].商业经济与管理,2017(3):5-11.

二、英文文献

AGUIRREGABIRIA V, VICENTINIG. Dynamic spatial competition between multi-store firms [J].Journal of industrial economics,2016,64(4):710-754.

AMIT R, SHOEMAKER P. Strategic assets and organizational rent[J]. Strategic Management Journal,1993,14(1):33-46.

AMIT R, ZOTT C. Creating value through business model innovation [J].MIT sloan management review,2012,53(3):41-49.

AMIT R,XUH.Value creation through novel resource configurations in a digitally enabled world[J]. Strategic entrepreneurship journal,2017,11(3):228-242.

ANDRIES P, DEBACKERE K, LOOY B V. Simultaneous experimentation as a learning strategy: business model development under uncertainty[J]. Strategic entrepreneurship journal, 2013, 7(4): 288-310.

ANSARI S, GARUD R, KUMARASWAMY A. The disruptor's dilemma: TiVo and the U.S. television ecosystem[J]. Strategic management journal, 2016, 37(9): 1829-1853.

ASPARA J, HIETANEN J, TIKKANEN H. Business model innovation vs replication: financial performance implications of strategic emphases [J]. Journal of strategic marketing, 2010, 18(1): 39-56.

ASTRUP J, DAVID B G, MOGENS B. Value creation and category management through retailer-Supplier relationships[J]. International review of retail, distribution and consumer research, 2007, 17(5): 523-541.

BADEN-FULLER C, HAEFLIGER S. Business models and technological innovation[J]. Long range planning, 2013, 46(6): 419-426.

BARTON D L. Core capabilities and core rigidities: a paradox in managing new product development[J]. Strategic management journal, 1992, 13(8): 111-125.

BELL D R, CHOI J, LODISH L. What matters most in internet retailing [J]. MIT sloan management review, 2012, 54(1): 27-33.

BERRYL. The time buying consumer[J]. Journal of retailing, 1979, 55(4): 58-69.

BOCK A J, OPSAHL T, GEORGE G, etal. The effects of culture and structure on strategic flexibility during business model innovation[J]. Journal of management studies, 2012, 49(2): 279-305.

BOHNSACK R, PINKSE J, KOLK A. Business models for sustainable technologies: exploring business model evolution in the case of electric vehicles[J]. Research policy, 2014, 43(2): 284-300.

CASADESUS-MASANELL R, ZHU F. Business model innovation and

competitive imitation: the case of sponsor-based business models[J]. Strategic management journal,2013,34(4):464-482.

CASTON N,MAGO S D. Costly buyer search in laboratory markets with seller advertising[J]. The journal of industrial economics,2010,58(2) : 424-449.

CHESBROUGH H W, ROSENBLOOM R S. The role of business model in capturing value from innovation: evidence from Xerox Corporation's technology spin-off companies[J]. Industrial and corporate change, 2002,11(3):529-555.

COZZOLINO A, ROTHAERMEL F T. Discontinuities, competition and cooperation: cooperative dynamics between incumbents and entrants [J].Strategic management journal,2018,39(12):3053-3085.

CRAIG S C, GOSH A, MCLAFFERTY S. Models of retail location process: a review[J]. Journal of retailing, 1984(1):5-36.

CUCCULELLI M, BETTINELLI C. Business models, intangibles and firm performance: evidence on corporate entrepreneurship from Italian manufacturing SMEs[J].Small business economics,2015, 45(2):329-350.

DAWSON, JOHN D. Scoping andconceptualising retailer internationalisation[J].Journal of economic geography, 2007,7(4):373-397.

EISENHARDT K M. Building theories from case study research[J].Academy of management review,1989,14(4):532-550.

EISENMANN T, PARKER G, VAN ALSTYNE A. Strategies for two-sided markets[J]. Harvard business review, 2006,43(2):92-101.

ERDEM T,KELLER K L,KUKSOV D, etal.Understanding branding in a digitally empowered world[J].International journal of research in marketing,2016,33(1):3-10.

FAIRHURST A E, FIORITOSS. Retail buyers'decision-making process: an investigation of contributing variables[J].International review of retail, distribution and consumer research,1990,1(1):87-100.

FOSS N J,SAEBI T. Fifteen years of research on business model innovation:how far have we come and where should we go? [J].Journal of management,2017,43(1):200-227.

GALBRAITH J R. Organization design: an information processing view [J]. The institute of management science, 1974, 4(3): 28-36.

GOYAL M, MARYANNE Q H,HATAMI H. Selling into Micromarkets [J]. Harvard Business Review,2012(7/8).

GUMMESSON E,MELE C.Marketing as value co-creation through network interaction and resource integration[J]. Journal of business marketing management,2010,4(1):181-198.

HALLEN B L,KATILA R,ROSENBERGER J D. How do social defenses work? A resource dependence lens on technology ventures,venture capital investors,and corporate relationships[J].Academy of management journal,2014,57(4):1078-1101.

HUKAL P,HENFRIDSSON O,SHAIKH M, et al.Platform signaling for generating platform content[J].MIS quarterly,2020,44(3):1177-1206.

HUMPHREYS P K, SHIU W K, CHAN F T S. Collaborative buyer-supplier relationships inHongKong manufacturing firms[J].Supply chain management: an international journal,2001,6(4):152-162.

JENSEN J A,COBBS J B,TURNER B A. Evaluating sponsorship through the lens of the resource-based view:the potential for sustained competitive advantage[J].Business horizons,2016,59(2):163-173.

JIAO H, ALON I, KOO C K, et al. When should organizational change be implemented? The moderating effect of environmental dynamism between dynamic capabilities and new venture performance[J]. Journal of engineering & technology management, 2013, 30(2):188-205.

KHANAGHA S, VOLBERDA H, OSHRI I. Business model renewal and ambidexterity: structural alteration and strategy formation process during transition to a cloud business model[J]. R&D management, 2014, 44(3):322-340.

KIM S K, MIN S. Business model innovation performance: when does adding a new business model benefit an incumbent? [J]. Strategic entrepreneurship journal, 2015, 9(1):34-57.

KOCH H. Developing dynamic capabilities in electronic marketplaces: a cross-case study[J]. Journal of strategic information systems, 2010, 19(1):28-38.

MARTINCR. The contribution of the professional buyer to a store's success or failure[J]. Journal of retailing, 1973, 49(2):69-80.

MORRIS M, SCHINDEHUTTE M, ALLEN J. The entrepreneur's business model: toward a unified perspective[J]. Journal of business research, 2005, 58(6):726-735.

NAMBISANS. Digital entrepreneurship: toward a digital technology perspective of entrepreneurship[J]. Entrepreneurship theory and practice, 2017, 41(6):1029-1055.

NORMANN R, RAMIREZ R. From value chain to value constellation: designing interactive strategy[J]. Harvard business review, 1993, 71(4):65-77.

OSTERWALDER A, PIGNEUR Y, TUCCI C L. Clarifying business models: origins, present, and future of the concept[J]. Communications of the association for information systems, 2005, 16(1):1.

PAYNE A F, STORBACKA K, FROW P. Managing the co-creation of value [J]. Journal of the academy of marketing science, 2008, 36(1): 83-96.

PENG M W, HEATH P S. The growth of the firm in planned economies in transition: institutions, organizations and strategic choice [J]. Academy of management review, 1996, 21(2): 492-528.

PRABALAD C K, HAMEL G. The core competence of the corporation [J]. Harvard business review, 1990, 68(3): 79-91.

PRAHALAD C K, RAMASWAMY V. Co-opting customer competence [J]. Harvard business review, 2000, 78(1): 79-87.

RAMASWAMY V, OZCANK. Brand value co-creation in a digitalized world: an integrative framework and research implications [J]. International journal of research in marketing, 2015, 33(1): 93-106.

RIETVELD J. Creating and capturing value from freemium business models: a demand-side perspective [J]. Strategic entrepreneurship journal, 2018, 12(2): 171-193.

RITTER T, LETTLC. The wider implications of business model research [J]. Long range planning, 2018, 51(1): 1-8.

SCHEER L K, MIAO C F, PALMATIER R W. Dependence and interdependence in marketing relationships: meta-analytic insights [J]. Journal of the academy of marketing science, 2015, 43(6): 694-712.

SINGHAL K, FENG Q, GANESHAN R, et al. Introduction to the special issue on perspectives on big data [J]. Production and operations management, 2018, 27(9): 1639-1641.

SNIHUR Y, THOMAS L D W, BURGELMAN R A. An ecosystem-level process model of business model disruption: the disruptors gambit [J]. Journal of management studies, 2018, 55(7): 1278-1316.

SORESCU A, FRAMBACH R T, SINGH J. Innovations in retail business models[J]. Journal of retailing, 2011 , 87 (7) :S3-S16.

SRIDHAR S. Dynamic marketing budgeting for platform firms: theory, evidence, and application[J]. Journal of marketing research, 2011, 48 (6):929-943.

SVIOKLA J, RAYPORT J. Exploiting the value chain [J]. Harvard business review, 1995, 73(11-12):75-85.

TAN B, PAN S L, LU X H, et al. The role of IS capabilities in the development of multi-sided platforms: the digital ecosystem strategy of Alibaba.com[J]. Journal of the association for information systems, 2015, 16 (4):248-280.

TEECE D J, PISANO G, SCHUEN A. Dynamic capabilities and strategic management[J]. Strategic management journal, 1997, 18(7):509-533.

TEECE D J. Business models, business strategy and innovation[J]. Long range planning, 2010, 43(2-3):172-194.

TEECE D J. Explicating dynamic capabilities: the nature andmicrofoundations of sustainable enterprise performance[J]. Strategic management journal, 2007, 28(13):1319-1350.

TIWANA A. Evolutionary competition in platform ecosystems[J]. Information systems research, 2015, 26(2):266-281.

VARGO S L, LUSCH R F. Institutions and axioms: an extension and update of service-dominant logic [J]. Journal of the academy of marketing science, 2016, 44(1):5-23.

VARGO S L, LUSCH R F. Service-dominant logic: continuing the evolution [J]. Journal of the academy of marketing science, 2008, 36(1):1-10.

VISNJIC I, WIENGARTEN F, NEELY A. Only the brave: product innovation, service business model innovation, and their impact on performance [J].Journal of product innovation management,2016,33(1):36-52.

WANG C L, AHMED P K. Dynamic capabilities: a review and research agenda [J]. International journal of management reviews, 2007,9(1):31-51.

WERMER J R, KUMAR V. Store, market, and consumer-characteristics: the drivers of store performance[J]. Marketing letters, 1999,10(1):5-22.

WERNERFELT B. A resource-based view of the firm[J].Strategic management journal. 1984, 5(2): 171-180.

WIRTZ B W, PISTOIA A, ULLRICH S, et al. Business models: origin, development and future research[J].Long range planning,2016,49(1): 36-54.

YAHAGIT.The core competencies of japanese excellent retail enterprises [M].Tokyo: Nikkei Publishing Inc.,2011:12-30.

YINR K.Case study research: design and methods[M].London: sage publications,2003: 85-86.

ZHENG BB. Research on the platform-based retail business model innovation[J].China finance and economic review,2020,9(1):108-128.

ZHU F, FURR N. Products to platforms: making the leap[J].Harvard business review,2016,94(4):74-78.

ZOTT C, AMIT R,MASSA L. The business model: recent developments and future research[J].Journal of management.2011,1(38):375-414.

ZOTT C, AMIT R. Business model design:an activity system perspective [J].Long range planning,2010,43(2):216-226.

ZOTT C, AMIT R. Value creation in e-business[J]. Strategic management journal, 2001, 22(6/7):493-520.

ZOTT C，AMIT R.Designing your future business model：an activity system perspective[J].Long range planning，2010，43(2/3)：216-226.

三、日文文献

渡边林治.大規模小売企業の成長と内外部接合要因の検討：百貨店の成長における店舗力、商品力、接客サービスの実証研究[J].三田商学研究，2009，52(5)：42-66.

高嶋克義.品揃え形成概念の再検討[J].流通研究，1999，2(1)：1-13.

高嶋克義.现代商业学[M].東京：有斐阁，2008.

高嶋克義.小売企業の基盤強化[M].東京：有斐閣，2015：9-30.

江尻弘.百貨店返品制の研究[M].東京：中央経済社，2003：101-129.

木绵良行.わが国の百貨店の歴史的経緯とその評価[J].成城大學經濟研究，2003(162)：157-180.

前田和利.日本における百貨店の革新性と適応性：生成、成長、成熟、危機の過程[J].駒大経営研究，1999，30(3/4)：109-130.

石原武政，矢作敏行.日本の流通 100 年[M].東京.有斐閣，2004：175-216.

矢作敏行.日本の優秀小売企業の底力[M].東京：日本经济新闻出版社，2011.285-319.

藤岡里圭.高度成長期における百貨店の高級化と特選ブランドの役割[J].経済論叢，2013，187(3)：95-110.

田村正纪.流通原理[M].東京：千倉書房，2007：5-38.

田村正纪.業態の盛衰[M].東京：千倉書房，2014：183-220.

田村正紀.セブン - イレブンの足跡[M].東京：千倉書房，2014：334-338.

周嵩.百貨店のSCM 導入に関する考察[J].神戸学院大学経営学論集叢，2004，1(1)：63-76.